기적의 숫자 퍼즐

네모네모 로직

nemonemo logic

제우미디어 편저

20년 넘게 독자님들께 큰 사랑을 받아온 네모네모 로직! 성원에 보답하고자 특별판을 준비했습니다.
그동안 출간된 네모네모 로직 가운데 가장 완성도 높고 아름다운 문제들을 엄선,
새롭게 준비한 정교한 문제들까지 함께 만나보세요.

nemonemo logic 고급편

Contents

nemonemo logic 고급편

네모네모 로직 실전 풀이법

설명의 순서대로 한 번만 따라 칠해보면 로직 해법을 마스터할 수 있습니다!

한 번만 따라하면 해법이 머리에 쏘옥~

직접 네모 속에 칠해 주세요!

자! 펜을 들고 따라해 봅시다!

■ 기본 규칙

- 숫자는 연속해서 칠해야 하는 칸 수를 의미한다.
- 여러 개의 숫자가 함께 있을 때는, 숫자와 숫자 사이에 반드시 한 칸 이상을 띄고 칠해야 한다.
- 확실히 칠할 수 없는 칸은 X로 표시해 두자.
- 완성된 숫자는 O로 표시해 두자.

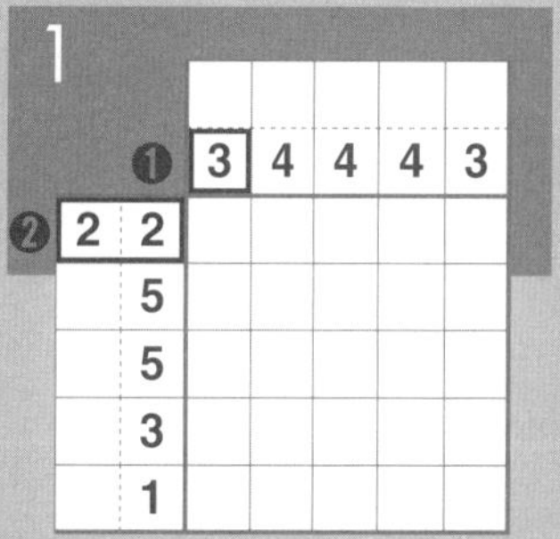

일단 문제를 보자. 문제의 크기는 5X5이다.

❶ 위쪽의 3은, 한 줄인 다섯 칸 중에서 세 칸이 연속해서 칠해져야 한다는 뜻이다.

❷ 왼쪽의 2, 2는 두 칸을 칠한 후, **한 칸 이상을 띄고** 다시 두 칸을 칠해야 한다는 뜻이다.

왼쪽의 5는 다섯 칸이 연속해서 칠해져야 하니, 다섯 칸을 모두 칠하고, 완성된 5에 ○로 표시해 두자.

위쪽의 3은, 세 칸이 연속해서 칠해져야 하니 맨 밑줄은 칠할 수 없게 된다. X로 표시해 두자.

잠깐!

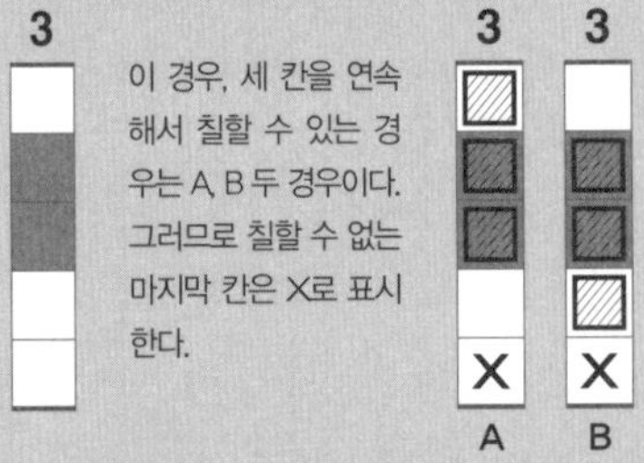

이 경우, 세 칸을 연속해서 칠할 수 있는 경우는 A, B 두 경우이다. 그러므로 칠할 수 없는 마지막 칸은 X로 표시한다.

위쪽의 4는, 네 칸이 연속해서 칠해져야 하니, **경우의 수를 따져보면** 네 번째 줄은 모두 칠해지게 되어있다.

잠깐!

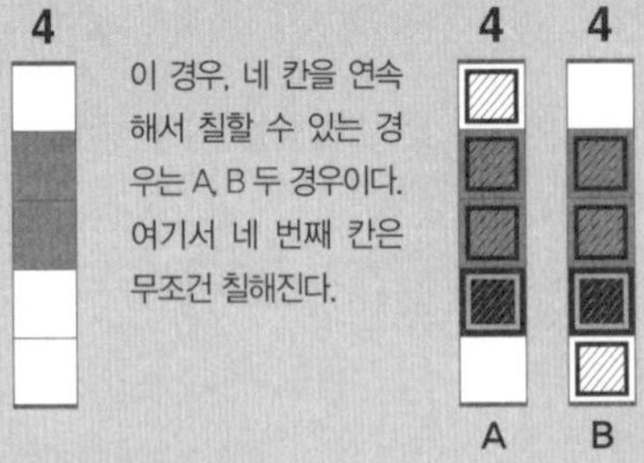

이 경우, 네 칸을 연속해서 칠할 수 있는 경우는 A, B 두 경우이다. 여기서 네 번째 칸은 무조건 칠해진다.

이렇게 되면, **왼쪽의 3이 완성**된다. 완성된 3에 ○로 표시해 두고, 네 번째 줄의 양 옆을 X로 표시해 두자.

위쪽의 3을 다시 보자. 네 번째, 다섯 번째 줄이 X로 표시되어 있으니, 자연스럽게 **첫 번째 줄을 칠해야 3이 완성**된다. 완성된 3에 ◯로 표시해 두자.

왼쪽의 2는 두 칸이 연속해서 칠해져야 하니, 두 번째 칸과 네 번째 칸을 칠해야 2가 완성된다. 세 번째 칸은 X로 표시하고, 완성된 2에 ◯로 표시해 둔다.

이렇게 되면 위쪽의 두 번째, 네 번째 4가 완성된다. 완성된 4에 ◯로 표시해 두고, 맨 밑줄을 X로 표시해 둔다.

자, 이제 남은 것은 위쪽의 4와 왼쪽의 1이다. **맨 밑줄의 남은 한 칸을 칠하면**, 위쪽의 4이자 왼쪽의 1이 완성된다.

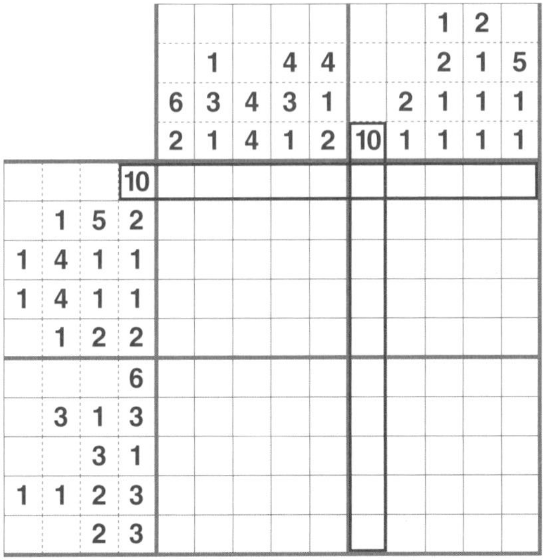

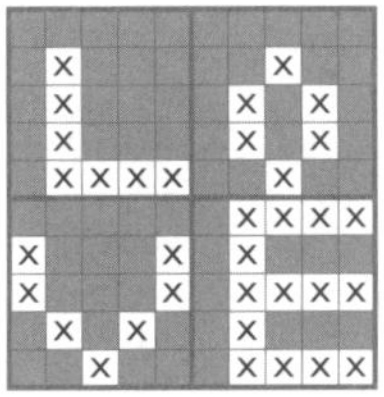

잠깐!

네모 로직의 문제 크기가 큰 경우, **큰 숫자부터 공략하는 것**이 효과적이다.

표시된 줄을 살펴보면,
한 줄인 열 칸 중에 열 칸 모두 연속해서 칠해진다.
이렇게 큰 숫자부터 칠해놓고 나면,
오른쪽 상단의 6이 맨 윗칸부터 연속해 칠해지게 되므로,
나머지 경우의 수를 쉽게 풀어갈 수 있다.

중요한 로직 풀이 Tip!

**문제의 크기가 큰 로직 중에는 위의 설명만으로 해결되지 않는 것이 있다.
그럴 때 이것만 기억해 두면 손쉽게 풀 수 있다.**

위에서부터 칠했을 때와 **아래에서부터 칠했을 때**를 생각한 후 **겹쳐지는 칸**이 어디인지를 찾는다. 점을 찍어가며 생각하면 편하며, 이때 숫자의 순서는 반드시 지킨다.

① 한 칸에 점을 찍고, 한 칸 띄고 6칸에 점을 찍는다.
② 뒤에서부터 6칸에 점을 찍고, 한 칸 띄고 한 칸에 점을 찍는다.
③ 겹치는 부분을 찾아 칠한다.

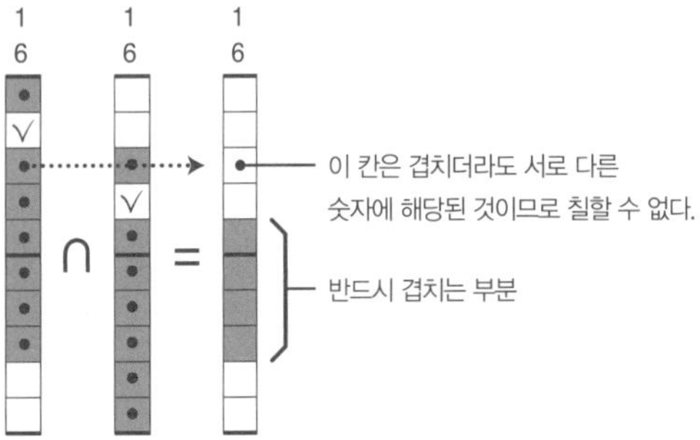

nemonemo logic 고급편

PART A

SIZE : 30×30 35×35

난이도 ●●●

A1 건드리면 성난 벌들이 쫓아와요

열	힌트
1	8
2	1 1 2 1
3	1 6 1 5
4	3 15
5	1 2 2 1 8
6	2 1 1 5
7	2 3 2
8	2 2 1 2
9	1 3 1 1 5
10	1 5 2 5
11	1 1 6 10
12	1 1 2 1 2 2
13	1 1 8 4
14	1 1 1 1 1 4
15	1 1 1 1
16	3 1
17	2 2 1 1 1
18	2 3
19	1 4 1 1 1
20	1 5 1 1 1
21	1 4 1 1 1
22	1 5 1 2
23	7 1 2
24	1 4 1 1 4
25	1 4 4
26	2 2 5
27	3 7
28	5 18
29	28
30	29

행	힌트
1	19
2	3 1 5
3	3 2 4
4	6 3
5	8 3
6	1 10 2
7	1 1 1 1 10 2
8	1 1 2
9	10 1 1 1 2 1 2
10	2 7 2 1 1 1 2
11	1 2 3 1 2 1 1 1 2
12	3 4 1 1 2
13	1 1 1 1 2 1 1 3
14	1 1 2 2 1 1 3
15	1 1 1 1 2 3
16	1 2 1 2 1 3
17	2 7 2 3
18	3 2 3
19	1 1 3
20	1 1 3
21	1 1 3
22	1 1 3
23	8 3
24	8 4
25	3 3 4
26	4 6 5
27	4 6 7
28	3 2 7
29	3 2 9
30	4 10 1

난이도 ●●●

A2 바닷속을 탐험해요

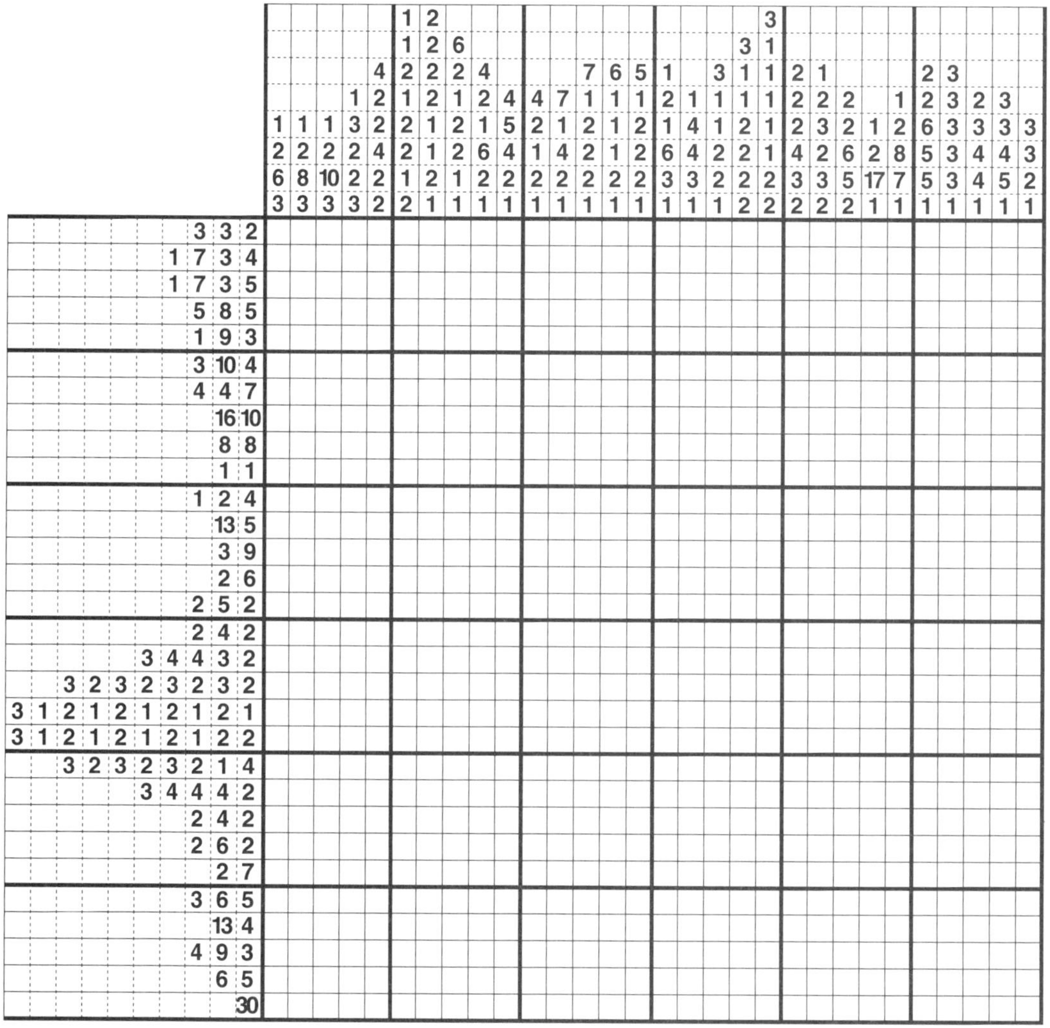

난이도 ●●●●

A3 핀을 다 쓰러뜨려야 이기는 게임

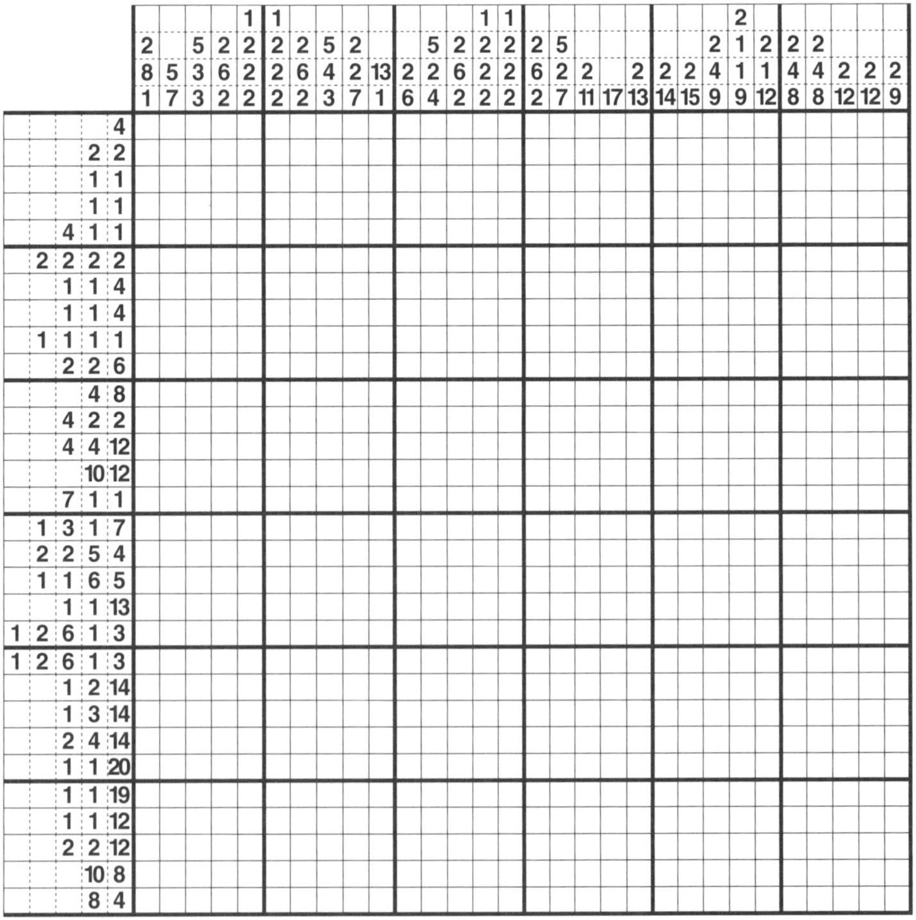

난이도 ●●●●

A4 정열적인 춤

열	단서
1	2
2	3
3	4
4	5
5	5
6	5
7	5
8	3 5
9	7 7 5
10	16 6
11	4 17 2
12	6 15 2 3
13	4 13 3 2 1
14	3 12 2 3 2
15	3 2 14 2 2
16	2 14 1 2
17	3 2 4 6 4
18	15 6 1
19	4 5 2 11
20	6 4 10
21	3 3 9
22	3 2 3 3 2
23	2 1 3 2 2
24	3 10 2
25	5 1 3 4
26	3 1 2 6
27	2 3 2 2 1
28	3 1 1 11
29	1 3 2
30	1

행	단서
1	6
2	8 5
3	16
4	5 6 1
5	2 1 1 4 2
6	2 1 1 1 1 1 1 1
7	3 2 1 1 1 3
8	4 4 6
9	7 3 3
10	16 4
11	16 1 1
12	21
13	11 1
14	9 1 1
15	9 2 2
16	8 2 2
17	8 2
18	7 2
19	9 3
20	10 2
21	5 6 1
22	5 2 5 2 1
23	5 2 8 2
24	5 2 7 1 2
25	5 6 4 2 1
26	5 2 5 1 1
27	5 2 2 3 1 1
28	5 2 2 3 1 1
29	5 2 2 4 4
30	4 4 4 1 3

난이도 ●●●●●

A5 물이 콸콸콸!

Column	Clues
1	3
2	7 3
3	2 3
4	3 2 1
5	2 2 1 3
6	1 2 2 10
7	1 2 1 5 4
8	1 2 1 5
9	1 2 3 2 3
10	2 2 2 3 3
11	3 3 2 3
12	4 1 1 1 3
13	1 6 1 1 3
14	1 3 1 1 1 3
15	9 3 3
16	9 3 3
17	3 6 3
18	2 2 3 3 3
19	1 2 6 2
20	1 2 3 2 2
21	1 2 1 2
22	1 3 3 3
23	5 4 3
24	3 2 1 2 2
25	1 3 3 1
26	1 6 1
27	12 8
28	14 9
29	12 17
30	12 8

Row	Clues
1	6 4 6 4
2	2 3 4 2 4
3	1 2 4 3 4
4	21 4
5	6 5 6 4
6	1 2 4
7	1 2 4
8	3 4 4
9	2 7 4
10	3 4 4
11	1 6 2 7
12	2 6 2 4
13	10 2 1
14	3 3 4 2
15	4 4 2 1
16	3 2 1
17	2 1 1
18	2 1 1
19	1 3 2 1
20	1 6 5 3 1
21	1 20 1
22	1 3 8 2 2
23	1 3 5 2 4
24	6 7
25	1 2 4
26	2 2 4
27	1 2 4
28	2 2 4
29	1 2 4
30	1 2 4

난이도 ●●●●●

A6 분홍 꽃잎이 봄바람에 흩날려요

Column clues (left to right, top to bottom):

1. 6 3
2. 5 3 2 5
3. 3 3 2 3 5
4. 2 2 1 1 7
5. 4 4 7
6. 1 2 2 5
7. 1 2 5
8. 1 1 6
9. 1 2 1 2 5
10. 1 2 1 2 2 5
11. 2 2 3 1 3 6
12. 2 2 4 1 3 3
13. 2 1 10 2
14. 3 3 7 2
15. 16 2 2
16. 2 8 2 4
17. 1 2 5 2 2
18. 2 3 2 6 2
19. 1 2 3 3 2
20. 1 5 2 3
21. 1 2 2 2 3 4
22. 3 1 2 7
23. 2 2 2 6
24. 2 3 7
25. 3 4 7
26. 6 9
27. 4 9
28. 7 1 3 7
29. 7 2 1 3 8
30. 6 8 7

Row clues (top to bottom, left to right):

1. 6 1
2. 7 3 3 2
3. 3 2 2 2 2 2
4. 4 2 1 1 1 2
5. 2 2 3 2 3
6. 1 2 1 3
7. 1 2 4
8. 1 1 5
9. 2 2 1 2 4
10. 1 2 2 2 5
11. 2 2 3 2 3 2
12. 2 3 4 4 2
13. 3 3 2 4 1
14. 16 2 3
15. 3 6 2 2 1
16. 2 10 2 1
17. 1 2 9 1
18. 2 9 2
19. 1 2 2 1 4 3
20. 1 2 2 2 2 4
21. 1 2 4 8
22. 1 2 2 2 6
23. 3 3 8
24. 4 4 9
25. 8 10
26. 10 10
27. 11 1 3 7
28. 9 3 1 3 5
29. 8 9 3
30. 5 5 2

난이도 ●●●●

A7 선율이 아름다워요

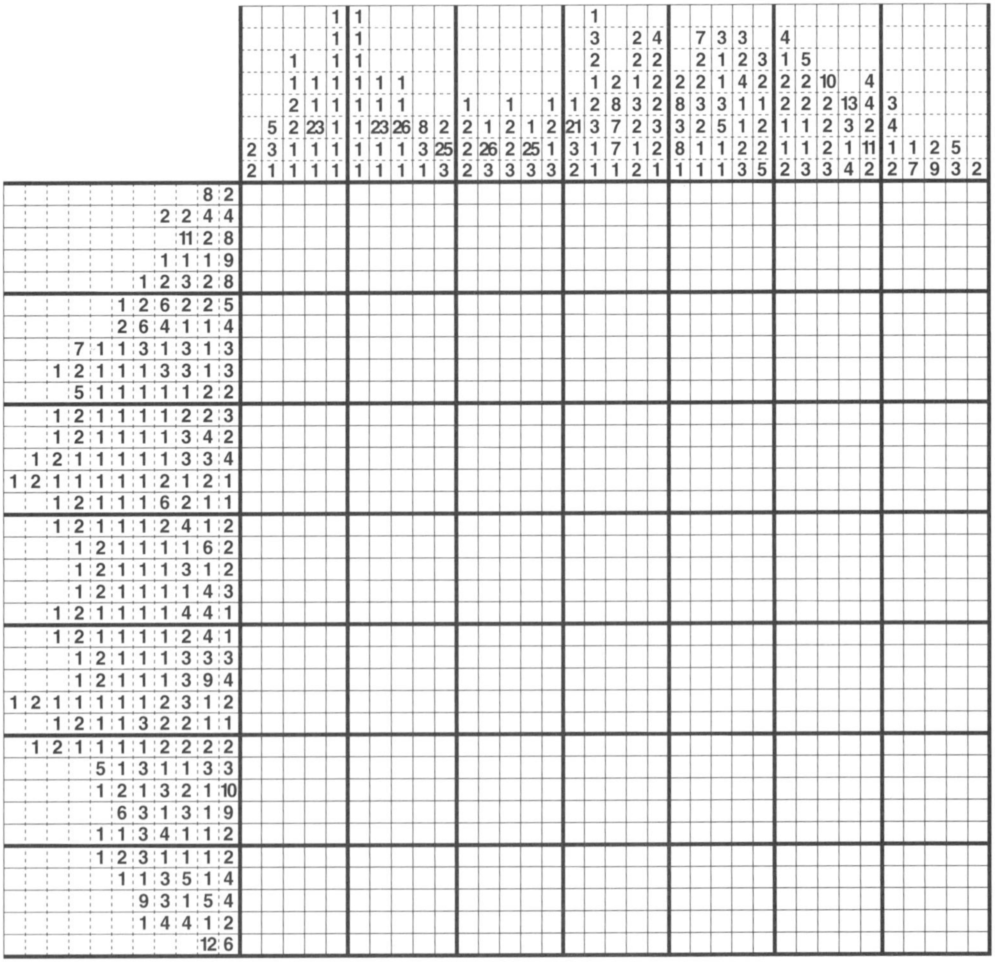

난이도 ●●●●

A8 우아해 보이지만 물밑으로는 빠르게 발을 젓고 있대요

Column clues (top to bottom):

Column	Clues
1	13 8
2	6 7 2 3
3	7 6 2 2
4	8 4 2 2
5	8 3 2 1
6	6 1 5 1
7	6 3 6
8	4 1 3 1 4
9	4 1 1 2 3 2
10	4 2 1 2 2 2
11	4 1 2 2 2 1
12	4 1 1 3 3
13	3 1 2 1 1 2 4
14	3 1 1 1 1 3 2 1
15	3 2 1 1 1 3 2 1
16	3 1 1 1 1 1 1 1 1
17	4 1 1 1 1 1 1 1
18	4 1 1 1 1 3
19	4 1 1 1 2
20	4 1 1 2
21	14 1 2
22	3 6 1 3
23	2 4 2 4
24	2 3 1 2 1
25	2 2 2 1
26	1 2 5 2 2 1 2
27	1 3 3 4 2 2
28	1 1 3 2 2
29	1 2 1 4 2 1
30	1 3 1 5 2 1
31	2 5 7 2 3
32	2 4 11 3 3
33	7 17 4
34	3 10 4 3 1
35	2 12 5 2

Row clues (left to right):

Row	Clues
1	8
2	3 2
3	2 2 2
4	1 3 1
5	2 1 4
6	1 2 3
7	1 8
8	1 2 5
9	1 1 3
10	1 1
11	1 1
12	1 2
13	2 1
14	22 9
15	22 8
16	23 8
17	12 7 7
18	7 3 4 6
19	10 5 2 5
20	1 3 4 1 5
21	1 4 8 4
22	2 5 1 4
23	2 2 7 2 4
24	3 2 1 2 1
25	3 8 1 3
26	4 3 2 2
27	3 7 2 2
28	5 3 3 3
29	1 4 10 2 1
30	2 5 3 1
31	4 2 3 6 2
32	1 13 9 3
33	2 4 14 4
34	4 7 6 8 1
35	10 6 6 5

난이도 ●●●●

A9 이것을 타려면 공항으로 가야 해요

1	25
2	6 16 2
3	5 16 1 3
4	5 16 2 4
5	5 15 3 2
6	5 15 3 2
7	5 15 3 5
8	5 18 3 3
9	6 15 4 2
10	4 1 14 2 3
11	3 1 12 8
12	3 2 11 3
13	6 10 3
14	6 8 3
15	6 6 3
16	6 5 3
17	5 1 3 4
18	4 1 2 4
19	4 2 2 3
20	7 2 3
21	7 2 4
22	7 2 4
23	9 6
24	8 4 4
25	7 4 7
26	6 3 5
27	5 3 2
28	4 3 2
29	3 3 8
30	2 19
31	2 4 1 2 1 2
32	1 4 3 3
33	1 4
34	1 3
35	5

1	35
2	31 1
3	29 1
4	10 16 1
5	9 6 8 2
6	2 8 8 2
7	1 9 3
8	4 2 3
9	8 2 4
10	10 2 4
11	13 2 4
12	16 2 4
13	19 4 1
14	18 4 1
15	17 4 1
16	16 4 1
17	15 4 1
18	14 4 3
19	14 6 1 1
20	13 5 1 3
21	12 4 1 2
22	11 4 1 1
23	10 4 1 1
24	1 2 4 2 3
25	2 2 4 1 1 1
26	3 4 3 1 4
27	4 3 1 3
28	2 4 1 1
29	2 3 1 1 1
30	2 3 1 1 1
31	5 1 1 1
32	3 1 2 1 1
33	2 1 1 2
34	3 3
35	2 2

난이도 ●●●●

A10 뜨개질할 때 필요해요

세로(열)	숫자
1	2 3
2	3 9
3	5 3 9
4	3 2 5 1 2 1 3
5	2 3 4 1 2 3
6	2 6 3 1 4
7	2 2 3 4 1 2
8	5 2 3 2 1 3
9	3 2 3 12
10	2 1 3 4 2 6
11	2 1 4 4 8
12	3 1 2 2 2 3 4
13	3 2 2 3 2 8
14	2 3 1 2 2 2 3 4
15	18 2 2 6
16	3 2 1 2 10
17	17 2 2 2 2
18	2 1 1 1 1 2 1 2 11
19	1 1 1 2 3 1 3 7
20	2 1 1 2 4 4 6
21	1 1 2 2 7 4
22	2 1 2 4 1 4 3
23	1 2 2 5 2 3 2
24	2 2 3 2 2 2 2 2
25	2 2 3 2 1 4 2
26	2 4 3 3 2 2 1
27	4 3 2 3 4
28	2 3 7 1 1
29	12 1 1
30	9 1 1
31	4 3 1 1
32	4 6 1
33	4 3 5
34	4 2 4
35	4 2 2

가로(행)	숫자
1	3
2	5
3	5
4	1 1
5	1 1
6	2 1 1
7	3 4 4
8	5 6 1 3
9	3 2 8 3 3
10	2 4 1 1 2 2
11	2 7 1 3 2 2
12	2 1 3 1 2 2 2
13	3 5 1 3 2 2 2
14	2 2 7 1 2 2 11
15	4 3 2 3 1 2 2 2 7
16	4 1 2 2 1 2 2 1 1 8
17	2 4 2 8 1 3 8
18	1 1 1 3 4 2 2 1 4
19	4 2 4 4 4 1 2
20	2 2 1 3 3 1 2 2 2
21	3 1 2 1 2 4 1 1 3
22	6 2 2 3 3 2 3
23	2 1 2 2 3 3 2 3 3
24	3 3 1 2 4 2 4 4
25	1 5 2 1 7 1 2 3
26	2 1 1 2 3 3 3 1 2
27	9 1 1 2 4 2 4
28	3 3 1 2 3 2 3 4
29	9 2 4 13
30	11 5 2 2
31	9 6 9
32	8 7 2
33	4 3 2 1
34	3 3
35	2

난이도 ●●●●

A11 여름이면 생각나는 과일

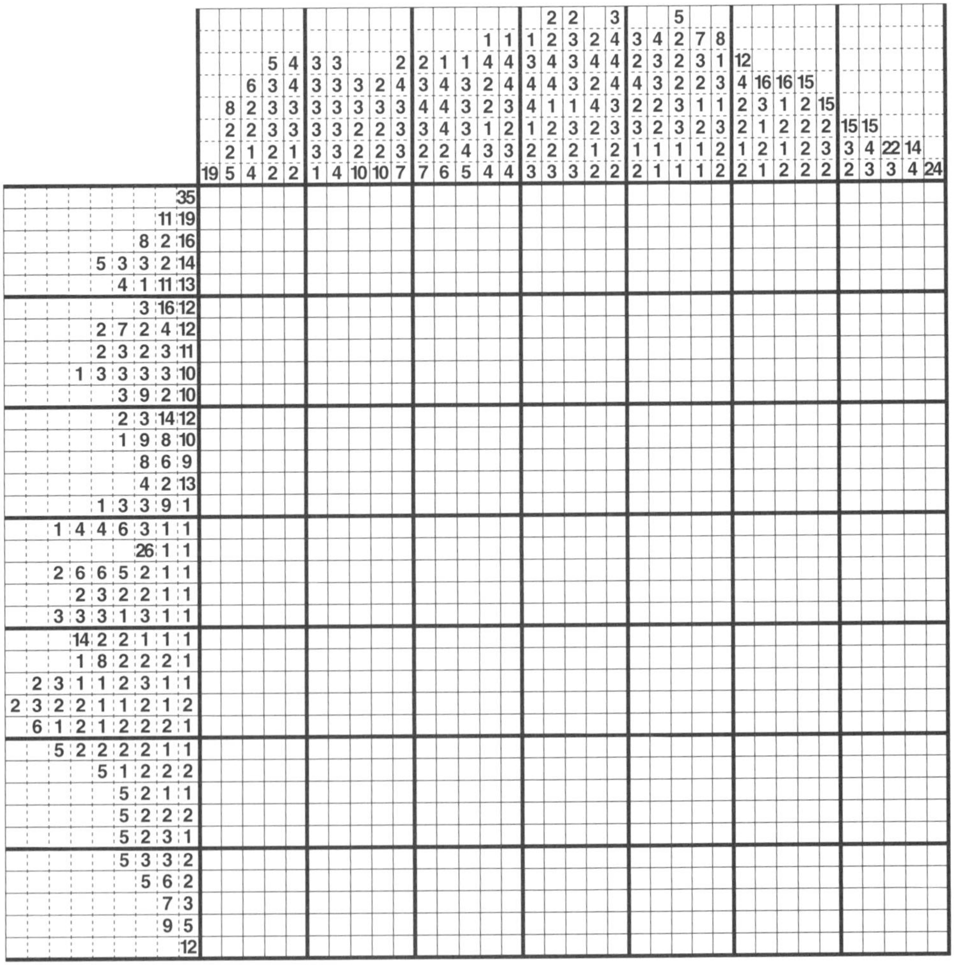

난이도 ●●●●

A12 오싹해요!

Column clues (left to right, top to bottom):

Column	Clue
1	7 11 4
2	8 11 3
3	3 1 2 10 2
4	7 2 7 2
5	4 5 3
6	2 5 5
7	5 5 5
8	8 5 5
9	4 3 2 2 2
10	9 2 3 1
11	8 2 2 1
12	6 4 4
13	5 2 2 5
14	3 2 2 3 2
15	2 1 3 2
16	1 2 2 3
17	2 3 2 2
18	1 4 3 2
19	1 4 4 3
20	1 3 4 3
21	1 3 4
22	1 4 3
23	1 3 4 8
24	2 4 3 3 1
25	1 3 2
26	3 2
27	3 3 2
28	4 12 2
29	21 6
30	8 9 2
31	9 1 10
32	6 3 13
33	9 11
34	9 10
35	7 10

Row clues (top to bottom):

Row	Clue
1	1 8 1
2	3 3 3 1
3	1 3 2 1 2
4	3 5 1 3 2 2 3
5	3 2 2 2 4 3 1 4
6	2 2 2 2 1 5 3 2 5
7	13 4 2 1 2 2
8	2 10 3 4 3
9	5 6 5 8
10	4 3 7 7
11	2 4 3 3 7
12	1 3 2 2 3 2
13	2 2
14	4 1 1
15	4 1
16	3 1 1 1 2
17	4 2 2 1 1
18	15 1 2
19	10 3 2 5
20	8 8
21	7 8
22	6 8
23	4 8
24	2 8
25	9
26	1 1 1 1 9
27	2 2 1 1 9
28	4 1 1 2 8
29	7 2 2 1 1
30	5 2 1 2
31	4 3 1 1
32	3 3 3 1 1
33	4 2 8 2
34	23
35	5 3 5

난이도 ●●●●●○○○○○

A13 경찰이 범인의 손목에 채워요

Column clues (left to right, top to bottom):

Column	Clues
1	17 6
2	17 3 5
3	17 3 5
4	19 2 3
5	18 4 4 2
6	18 11 2
7	17 2 4 2 1
8	17 2 2 2
9	16 2 1 2
10	16 2 1 2
11	16 2 1 2
12	16 2 1 2
13	17 2 2 2
14	17 2 1 2
15	18 3 2 2
16	19 2 2 3
17	20 10 1
18	17 3 2
19	5 6 3 2 2 2
20	4 4 1 2 2 1 2
21	3 5 4 2 2 3
22	2 7 2 2 10
23	13 1 1 2 8
24	1 12 4 2
25	11 2 4
26	11 1 2 2 2
27	1 12 2 5 2 2
28	1 12 2 2 2 5
29	1 11 6 3
30	2 10 2 4 2 1 2
31	2 8 2 2 1 2 1 2
32	3 6 2 9
33	4 5 4 2
34	6 6 1 3
35	17 5

Row clues (top to bottom):

Row	Clues
1	24 9
2	23 6
3	21 1 4
4	20 2 3 3
5	19 8 2
6	18 10 2
7	18 12 1
8	18 12 1
9	18 12 1
10	18 12 1
11	18 12 1
12	19 11 2
13	19 9 2
14	20 7 3
15	28 3
16	22 2 3
17	8 9 2 3 2 3
18	3 3 2 1 2 2
19	2 6 3 3 2
20	1 10 3 9
21	2 3 2 2 6
22	1 2 2 3 1 2
23	2 2 2 2 1 4
24	1 3 1 2 2 3 4
25	1 2 1 2 2 6 1
26	2 3 1 2 4 1
27	7 1 4 4 4
28	6 1 13 2
29	2 2 2 4 2 3
30	2 2 3 2 2 9
31	2 2 3 1 1 3 3 3
32	2 6 2 3
33	3 2 4
34	14
35	7

난이도 ●●●●●

A14 옷을 다릴 때 사용해요

열	힌트
1	13 4
2	13 6
3	13 3 3
4	13 2 2
5	13 3 4
6	13 2 1 3
7	13 2 6
8	18 2 1 1
9	10 2 2 1 1 2
10	6 5 3 2
11	3 2 2 4
12	2 1 2 1 1
13	3 2 1
14	2 1 2
15	2 1 1
16	1 2 1
17	1 2 2
18	2 1 1
19	3 1 1
20	3 2 2
21	5 2 1
22	1 6 4 1
23	2 20 1
24	3 12 7
25	6 2 1
26	4 16 1
27	5 3
28	6 17
29	7 10 2
30	9 3
31	25
32	13 3 2
33	13 2 2
34	13 6
35	13 4

행	힌트
1	4
2	2 2
3	2 2
4	1 3
5	2 4
6	12 1 13
7	11 2 12
8	11 2 12
9	10 2 11
10	10 2 1 9
11	10 2 2 8
12	9 3 1 7
13	9 2 1 6
14	9 2 1 6
15	9 2 1 5
16	8 2 1 1 5
17	8 2 1 2 5
18	8 2 1 2 5
19	1 2 1 2 1
20	1 2 1 2 1
21	1 2 1 2 1
22	1 2 1 2 1
23	2 2 1 2 4
24	3 1 1 2 5
25	4 2 1 2 2 2
26	6 5 2 2 2 1 2
27	9 10 1 5
28	5 2 5 1 4
29	3 2 1 1 2
30	2 4 3 1 1 2
31	3 3 2 4 1 4
32	4 1 4 4 1 3
33	5 1 8
34	3 4
35	5

난이도 ●●●●●

A15 새끼손가락 걸고 지켜요

Column clues (left to right, top to bottom):

Col	Clue
1	13 16
2	12 14 3
3	10 2 1 3
4	10 2 3
5	9 2 3
6	8 2 3 2
7	8 2 2 1
8	7 2 2 2 1
9	5 2 1 3 2
10	4 3 2 3 3
11	2 4 6 3
12	1 3 2 5 2
13	2 4 6 2
14	2 3 1 2 3 4 2
15	1 3 1 8 2
16	1 1 1 2 6 3
17	1 1 1 2 6 3
18	2 3 1 1 7 4
19	2 9 3 3 3
20	1 5 3 3 3 4
21	2 3 2 2 3 1
22	4 1 3 3 3 2
23	5 2 2 3 4 2
24	6 4 3 4 3
25	7 3 4 4 4
26	8 1 5 3 5
27	9 2 2 1 4 5
28	10 3 2 4 4 7
29	10 4 5 8
30	5 3 2 3 9
31	4 6 2 2 11
32	5 2 2 13
33	2 1 1 3 14
34	2 2 5 15
35	3 13 16

Row clues (top to bottom):

Row	Clue
1	12 5 16
2	11 2 2 15
3	10 2 2 11 1
4	10 1 1 13
5	9 2 1 3 8 1 2
6	8 2 2 3 6 1 1
7	8 5 6 5 1 1
8	7 5 2 2 4 1 1
9	5 2 7 2 3 1 1
10	4 2 1 2 2 2 1 1
11	2 3 6 5 2 1
12	2 3 2 2 2 1 2 1
13	1 2 2 4 1 3 1
14	2 8 2 3 1
15	1 4 2 1 2
16	2 3 2 1 3 2
17	2 4 3 4 2 2
18	2 6 3 3 1 2
19	2 4 6 3 2
20	2 2 5 5 2 1
21	2 10 2 2 2
22	2 9 4 3
23	2 6 2 4
24	2 3 3 4
25	2 2 3 5
26	3 2 3 5
27	2 1 4 6
28	1 4 7
29	1 4 8
30	2 1 4 8
31	3 2 5 10
32	3 4 6 11
33	3 4 6 12
34	3 11 14
35	4 9 15

난이도 ●●●●●

A16 제주도를 지키는 할아버지 석상

열	단서
1	2 3 9
2	3 2 2 10 1
3	6 2 3 1 1 2 2 2
4	6 2 2 1 4 2 3
5	6 2 2 1 1 1 1
6	15 2 1 3 1
7	15 4 1 1 2 3
8	9 4 2 3 2 1
9	3 4 10 2 1
10	7 2 12 1
11	3 2 2 2 2
12	3 2 9
13	3 2 2 2
14	3 4 2 9 1
15	2 6 2 2 1 1 1 1 2
16	1 2 9 7 1 1 4
17	3 6 4 1 1 1 3
18	2 1 3 1 1 2 9
19	3 1 2 1 2 2 6
20	1 1 2 3 2 3
21	1 1 2 1 2 3
22	1 1 2 1 2 3
23	1 1 2 3 2 3
24	1 1 2 2 2 3
25	2 1 2 1 1 3
26	3 1 2 1 1 4 6
27	5 2 4 5 3 1 2
28	6 3 8 1 1 1 3
29	5 10 1 1 1 3
30	5 8 1 2
31	7 5 1 3
32	19 6
33	14 7
34	2 16
35	2 13

행	단서
1	2 2 1 3 6
2	2 2 1 3 2 4
3	3 2 1 3 2 4
4	2 2 4 3 4
5	2 2 3 1 4
6	5 3 16
7	7 2 5
8	6 2 9 3
9	4 2 12 2
10	4 5 3 2
11	4 4 5
12	4 13 4
13	4 2 1 2 4 4
14	17 2 1 4 4
15	16 2 7 2
16	1 5 7
17	5 2 4 8
18	7 4 9
19	2 3 1 1 4 5
20	9 1 3 4 5
21	1 3 1 12 4
22	11 1 1 8 4
23	2 1 1 3 1 1 5 4
24	3 2 2 1 1 4 4
25	1 2 3 1 1 2 5
26	2 11 4 3
27	4 4 2 1 1 2
28	2 5 1 1 5 4 2
29	2 1 1 2 1 3
30	2 1 1 5 4 4
31	3 3 1 2 8
32	1 2 3 1 5 6
33	1 1 1 2 4 3
34	1 2 1 8 2
35	3 4 2 2

난이도 ●●●●●○○○○○

A17 국물이 끝내줘요!

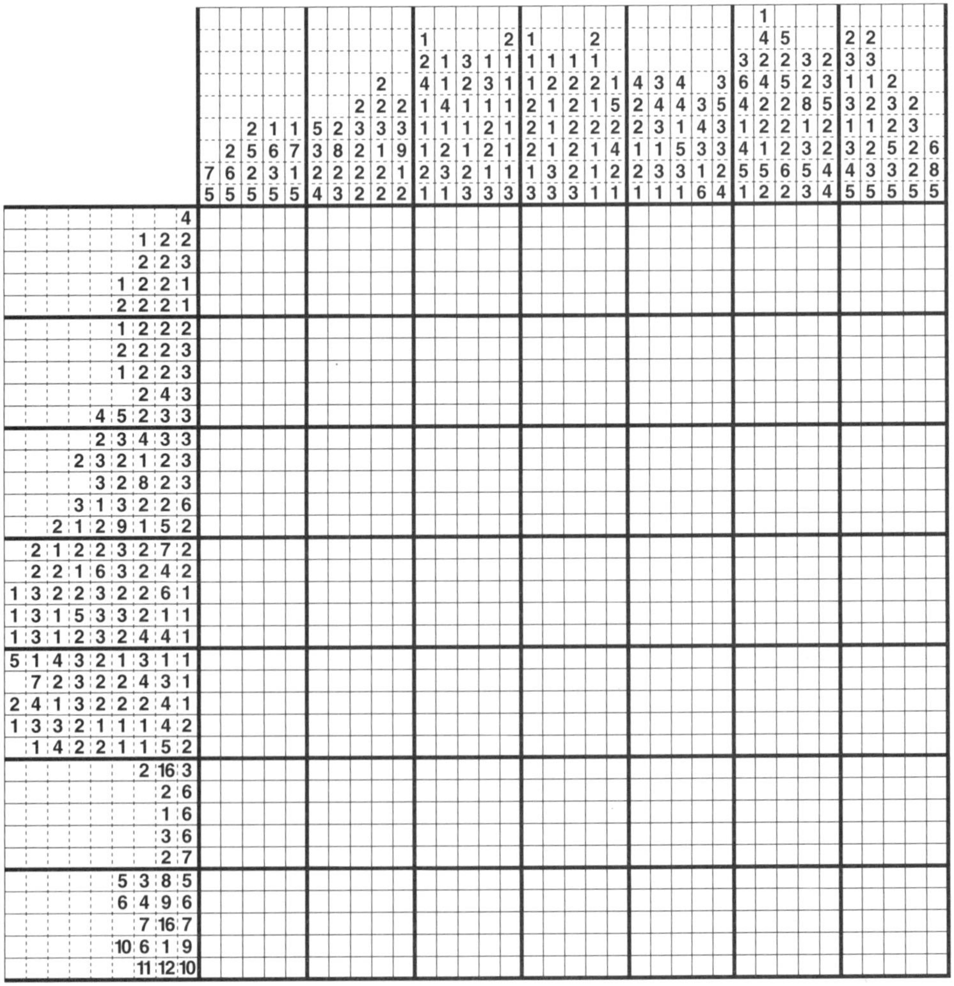

난이도 ●●●●●

A18 진주를 품고 있어요

Column clues (left to right, top to bottom):

1. 5 5
2. 2 3 7
3. 9 8
4. 3 5 4 4
5. 2 5 2 1 5
6. 1 7 1 3 6
7. 5 5 2 1 1 6
8. 3 6 1 1 2 4
9. 3 9 1 1 3 3
10. 1 9 1 2 4 3
11. 2 11 1 2 2 3
12. 1 4 9 2 2 3 3
13. 3 13 3 3 2
14. 2 11 1 3 3 1
15. 2 16 3 2 1
16. 2 15 4 3 1
17. 1 10 4 2 2
18. 6 8 4 1 2
19. 1 7 7 1 3
20. 1 8 3 5 3
21. 1 10 3 1 3
22. 2 10 4 2 2
23. 2 11 3 2 1 1
24. 3 8 3 3 2 2 1
25. 1 10 7 2 3 1
26. 1 9 2 1 1 1 2 2
27. 2 9 1 2 1 2 4
28. 1 8 1 1 2 1 4
29. 1 6 2 1 1 1 3
30. 2 5 1 1 2 3 2
31. 2 3 2 1 1 1 3
32. 6 2 1 1 5
33. 1 3 4 6
34. 2 3 4 3
35. 4 6

Row clues (top to bottom, left to right):

1. 13
2. 4 1 3 4
3. 4 1 2 2
4. 3 1 1 3 4
5. 2 1 1 8 1 2
6. 2 1 1 10 1 1
7. 2 1 4 16
8. 3 1 22
9. 2 1 22
10. 1 1 3 18
11. 2 1 21
12. 2 1 21
13. 2 1 16
14. 1 1 19
15. 1 16 2
16. 1 15 6
17. 16 3 3
18. 7 5 2 1 3
19. 3 6 3 3
20. 5 1 3 2 5 2
21. 3 8 3 3
22. 2 3 2 12 2
23. 3 3 2 8 3 1
24. 4 2 1 1 5 3 1
25. 6 2 1 1 2 1
26. 3 3 2 1 1 2 4
27. 4 4 1 2 2 2 2
28. 7 2 1 1 2 1 3
29. 6 4 1 1 4 2
30. 6 4 1 2 3
31. 4 3 7 2 6
32. 7 5 4 6
33. 7 3 3 2 3
34. 5 6 3
35. 16

난이도 ●●●●●

A19 평화의 새

Column clues (left to right, top to bottom)

1. 4 4 23
2. 3 3 2 16 1
3. 5 2 2 2 11 2
4. 7 2 2 2 10 3
5. 8 2 1 1 8 1 2
6. 10 2 2 2 8 1 2
7. 10 1 1 1 1 5 4
8. 11 2 2 1 1 5 2 2
9. 12 1 1 1 1 4 2
10. 13 1 1 3 3
11. 8 2 1 1
12. 10 1 1 4
13. 4 1 1 2
14. 8 1 2 1
15. 3 2 2 2
16. 1 4 1 1 1
17. 4 1 2 1 1
18. 1 6 1 2 2 3
19. 13 2 1 3
20. 14 2 4
21. 13 1 1 4
22. 12 5 2
23. 11 2 3 2
24. 9 2 3 1
25. 8 3 3 2
26. 7 4 2 2 5
27. 7 2 4 3 7
28. 7 2 3 2 4 3 4
29. 8 2 3 3 2
30. 5 1 2 4 5 2
31. 4 1 1 4 3 6
32. 3 2 2 2 2 5
33. 2 18 4
34. 1 4 1 3 5
35. 3 3 4

Row clues (top to bottom)

1. 18 15
2. 15 1 14
3. 15 1 14 1
4. 1 12 2 13 2
5. 10 1 1 12 3
6. 1 9 1 1 12 2
7. 1 9 1 1 12 2
8. 2 8 1 8 2 2
9. 2 5 1 7 2 3
10. 2 5 1 6 2 2
11. 1 2 3 6 4
12. 1 2 2 4 2 2
13. 2 2 2 3 2 2
14. 3 3 5 2 1 3
15. 1 2 2 5 2 3
16. 2 3 1 2 1 1
17. 3 3 1 5
18. 4 3 8
19. 2 3 1 4 1
20. 3 4 1 1 3
21. 4 2 2 5
22. 10 2 1 4 3
23. 6 4 2 5 2
24. 15 2 5 2
25. 10 2 3 1
26. 10 3 3
27. 9 3 5 2 2
28. 8 4 6 1 4
29. 6 3 4 2 4
30. 4 2 2 3
31. 2 1 1 1 3 3
32. 1 2 2 1 1 4 5
33. 4 1 2 1 7 3
34. 9 6 3
35. 4 2 2

난이도 ●●●●●

A20 생각보다 금방 배울 수 있어요!

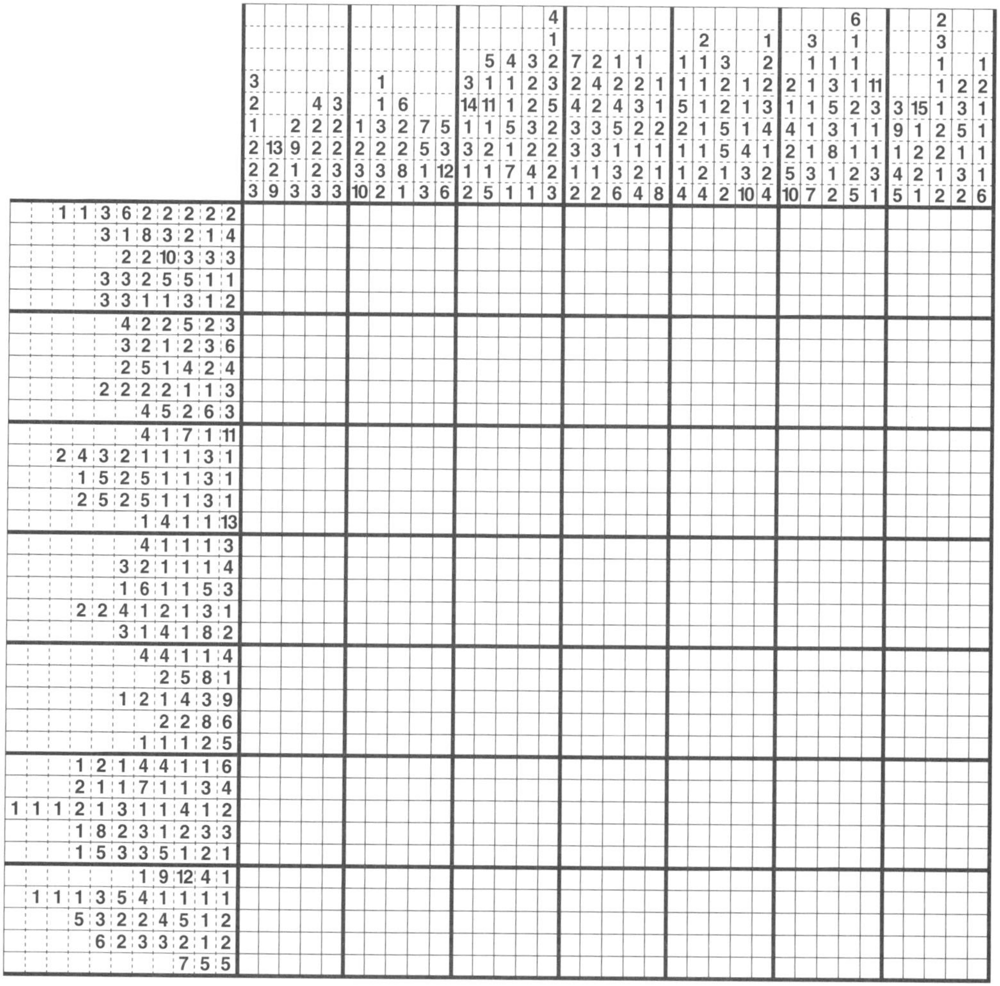

난이도 ●●●●●

A21 햇빛이 좋아야 옷이 잘 말라요

Column clues (left to right, top to bottom):

Col	Clue
1	23 1
2	2 3 14
3	2 3 10
4	1 2 3 1
5	2 3 6
6	2 1 8
7	2 2 2 6
8	2 3 1 2 3
9	3 3 1 2 2
10	4 3 1 1 1 1
11	1 1 2 1 2 2
12	2 1 3 1 1 1 1
13	2 2 1 1 2 2
14	4 2 1 2 3
15	1 3 1 2 1 1 2
16	2 2 3 2 2 1
17	2 3 1 3 6
18	2 1 2 3 2 1
19	3 1 3 2 1 1
20	1 4 2 3 2 1
21	2 3 2 2 1 2
22	2 1 2 3
23	3 7 11 1
24	4 1 1 2 9 1
25	1 2 1 1 1 3 8 1
26	2 2 1 1 13
27	1 3 2 13 2
28	2 4 6 12
29	1 24 1
30	1 2 1 6 10 1
31	2 1 2 3 9 1
32	3 2 2 4 12
33	3 2 2 2 2 8
34	1 1 1 2 2 1 1 5 1
35	2 1 2 2 4 3 1

Row clues (top to bottom):

Row	Clue
1	1 2 2 2
2	3 4 1
3	2 9 3
4	1 8 3 5
5	1 8 2 2 2
6	1 7 1 1 3 3
7	6 2 2 1 3 1
8	3 4 4 3
9	4 1 3
10	1 1 2 6 3
11	1 2 2 5 2 1
12	1 1 2 2 1 3 2
13	1 4 3 1 1 2 2
14	1 2 1 1 2 2
15	1 1 3 2 1 1 2 1
16	1 2 2 3 2 3 1
17	1 1 1 4 1 4 3
18	1 2 3 13
19	2 2 3 3 5
20	2 1 7 5 4
21	2 3 2 3 2
22	2 2 1 2
23	3 2 2 3
24	2 2 7
25	2 11
26	2 9 12
27	2 2 2 13
28	2 2 2 13
29	2 2 1 13
30	2 4 4 12
31	2 10 2 11
32	7 1 1 1 1 5 7 4
33	4 1 1 1 1 2 1 2 1
34	4 1 4 2 3 1
35	9 12

난이도 ●●●●●

A22 김유신이 생각나요

Column clues (left to right, read top to bottom):

1. 2 3
2. 3 5
3. 3 7 2
4. 1 4 2 4 3
5. 2 4 7 4 4
6. 1 1 14 7 2
7. 1 2 2 11 6 1 1
8. 2 3 14 6
9. 5 14 6
10. 2 3 22
11. 1 2 2 1 2 6 5
12. 2 3 1 12 1 5
13. 3 2 2 2 1 1 4
14. 8 2 1 7
15. 2 3 1 7
16. 1 2 2 8
17. 1 5 7
18. 2 1 2 7
19. 1 2 1 1 6 3
20. 6 2 7 2
21. 6 6 1 12
22. 2 4 2 13
23. 2 2 2 11
24. 4 3 11
25. 1 2 9
26. 2 3 4 4
27. 1 4 1 3 6
28. 1 3 3 5 2 1
29. 1 2 2 5 2
30. 2 2 2 5 5 1
31. 4 3 2 5 4 2
32. 3 4 2 4 3 5
33. 2 3 4 2 2 5
34. 2 3 4 1 2 2 3
35. 3 2 3 2 4 2

Row clues (top to bottom, read left to right):

1. 1 1 5
2. 2 2 5
3. 5 3 3 1
4. 2 2 2 1 2 4 2
5. 5 3 1 1 1 4
6. 5 2 3 1 2 4
7. 3 1 1 3 3 6
8. 1 5 1 2 2 3 2
9. 1 3 3 1 1 1 3
10. 5 2 1 2 2 3
11. 5 1 1 3 2 1 7
12. 11 1 4 3 1 1 3
13. 6 3 3 2 2 2
14. 13 1 1
15. 9 3 4 1
16. 5 7 3 7 1
17. 5 4 3 14
18. 6 1 1 13
19. 6 1 1 4 5
20. 11 1 5
21. 8 10
22. 8 11
23. 8 12
24. 1 7 12
25. 1 17
26. 8 13
27. 15 3 4 2 1
28. 14 2 4 3 1
29. 13 1 2 6
30. 3 8 3 2 2 2
31. 2 8 2 2 1 2
32. 6 1 2 1 3
33. 4 1 1 2 4
34. 3 2 5
35. 2 4

난이도 ●●●●●●

A23 따르릉! 전화 왔어요!

Column clues (left to right, top to bottom)

Column	Clue
1	6 16
2	6 4 9
3	6 2 8
4	6 2 8
5	6 2 5 7
6	8 1 2 2 7
7	5 2 3 2 4 6
8	3 2 2 6 2 1 6
9	2 1 3 2 2 5
10	2 2 5 4 5
11	1 1 2 2 2 1 4
12	1 4 2 4
13	1 8 2 2 3
14	2 2 3 2 2 3
15	2 3 1 2 2 3 3
16	2 3 4 2 2 3
17	3 4 1 2 3 6
18	1 1 4 2 2 3 3 3
19	1 1 5 2 4 2 2
20	1 2 1 1 6 2 2
21	2 1 1 1 2 3
22	2 2 2 2 2 2 1
23	3 1 5 8 2 3
24	3 2 2 7 1 5
25	1 2 7 2 2 1
26	3 3 1 9 2 3
27	4 2 1 3 2 3
28	4 1 1 2 2 2
29	5 2 1 2 2 2 1
30	5 2 1 7 2 1
31	6 2 1 1 2 3
32	7 2 1 3 2 2 2 2
33	5 14 3 2 4
34	5 11 1 6 1
35	5 9 3 2 2

Row clues (top to bottom)

Row	Clue
1	35
2	10 4 15
3	8 4 13
4	7 3 9
5	7 3 7
6	6 1 2 4 2
7	1 3 7 3 2
8	2 4 8 2 2
9	2 2 5 3 2 3
10	6 3 3 5
11	8 5 2 4
12	4 2 3 2 1 3
13	4 2 4 2 1 1 3
14	2 5 2 2 3 3
15	2 1 2 2 1 3 8
16	2 4 2 1 4 3
17	1 1 2 2 2 5 4
18	2 1 2 2 12
19	2 1 2 2 3 8 2
20	1 4 2 2 3 3 1 3
21	1 2 2 4 2 1 1
22	1 4 6 1 1 3
23	1 7 2 1 3
24	1 2 2 4
25	2 2 2 2
26	3 2 2 3
27	4 2 2 4
28	6 1 2 1
29	8 2 3 4
30	10 1 2 3
31	12 1 3 2 2 1
32	21 3 1 5
33	19 4 3 2
34	15 2 6
35	3

난이도 ●●●●●●

A24 바닷속에서 물고기 친구들을 만나요

Column clues (left to right, top to bottom):

Column	Clue
1	0
2	3
3	3 1 6
4	2 2 4 2 1
5	5 6 1 2 1 2
6	5 8 3 5
7	3 4 4 3 2 1
8	2 6 2 7 1 4
9	4 8 2 2 2 3
10	7 2 2 1 3
11	5 2 3 2 9
12	6 2 4 2 9
13	7 2 2 1 6
14	7 2 2 1 7
15	1 7 2 2 7 7
16	2 11 2 2 1 11
17	2 8 2 1 11
18	1 15 2 5
19	12 3 3
20	4 4 3
21	8 1 2
22	8 2 2
23	2 3 2 5
24	1 1 1 1 4
25	2 2 1 2 6
26	3 2 1 4
27	2 1 1 1 1 1 2
28	4 1 1 2 1 2 1
29	2 2 1 2 1 2 1 1
30	5 2 2 2 1 2 2
31	5 2 3 2 1 1
32	4 2 2 2 2
33	2 8 1 1
34	3 4 2
35	5 4

Row clues (top to bottom):

Row	Clue
1	3 1 4
2	7 2
3	1 5
4	5 1 1 1
5	3 1 5
6	1 5
7	9
8	9
9	11
10	11 3 1
11	5 6 5 2
12	3 4 2 6
13	14 9
14	15 5 1
15	2 8
16	2 2 2 6 6
17	2 2 1 2 2 2 1 2
18	2 2 2 3 5 2
19	2 4 8 2 2
20	19 2 1
21	4 9 1 1
22	2 1 6 2 1
23	2 2 4 4 3 2
24	1 2 1 4 3 3
25	1 6 4 3 1
26	3 2 8 1 5 2
27	1 1 5 2 3 1
28	3 2 2 2 3 2
29	1 2 1 2 4 2 4
30	2 5 7 2 3 1
31	2 1 1 8 2 3 2
32	16 4 3
33	1 3 10 2 3
34	1 2 1 10 6
35	3 2 9 3

난이도 ●●●●●●●

A25 끈을 잘 묶어야 걸려 넘어지지 않아요

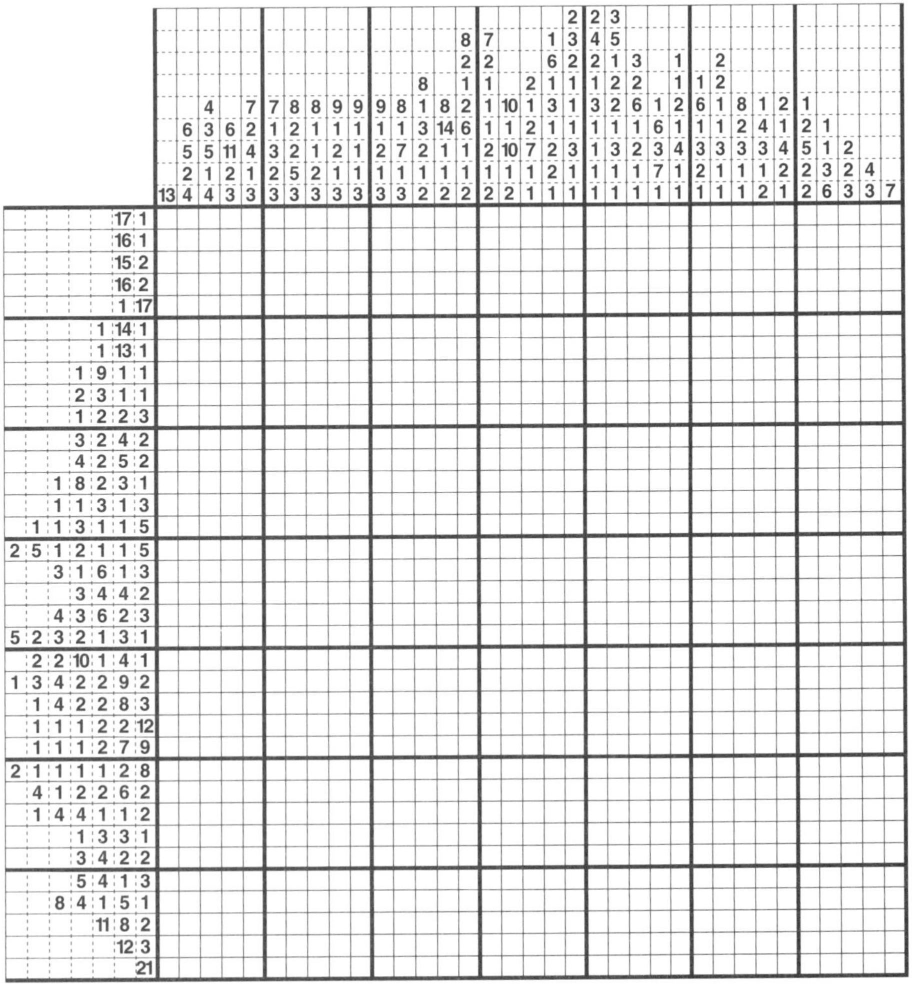

nemonemo logic 고급편

PART 8

SIZE : 40×40 45×45

난이도 ●●●●

B26 컵 크기의 케이크

열	
1	4 4
2	3 4
3	3 3
4	3 2 2
5	10 2 1
6	2 10 1
7	1 10
8	5 11
9	6 3 2 10
10	2 4 3 2 10
11	5 3 2 4 8
12	7 2 3 7 5
13	1 4 3 3 2 7 2
14	7 3 3 3 8 2
15	2 3 3 3 5 8
16	2 2 2 2 9 4
17	1 3 1 2 2 4 7 2
18	2 6 2 2 7 7
19	3 5 1 4 11 1
20	4 5 1 4 2 2 10
21	1 1 5 1 3 3 4 1
22	2 7 1 4 2 17
23	1 5 2 4 3 3 6 1
24	1 1 11 4 6
25	1 1 6 5 14 2
26	1 8 5 8 4
27	6 5 3 7 1
28	1 2 6 10 1
29	2 6 3 7
30	1 6 3 6 2
31	10 7 4
32	1 4 3 9
33	2 10 3
34	2 7 6
35	10 5
36	9 2 1
37	3 2 2
38	3 3
39	3 3
40	4 4

행	
1	5
2	3
3	2
4	7
5	2 3 5
6	4 3 4
7	2 1 6 2 3
8	3 1 7 3 1
9	6 7 4 3
10	1 5 6 4 1 2
11	1 6 3 5 1 2
12	2 7 5 3 1
13	4 3 2 4 1
14	10 4 5 1
15	2 1 15 7 2
16	1 2 19 3
17	2 3 12 3
18	3 12 6 5
19	3 9 6 6
20	4 4 5 7
21	3 6 6 1
22	5 6 7 2 1
23	15 9 1 2
24	4 19 1 1 1
25	4 2 13 1 1 1 1
26	4 3 2 2 2 3 1 1 1 1
27	3 2 2 2 2 2 1 1 2 1
28	4 2 1 1 2 2 1 1 1 1
29	4 3 2 1 2 2 1 1 1 1
30	4 2 2 1 2 1 1 1 1 1
31	4 2 1 2 2 1 2 1 1 1
32	6 4 3 1 1 2 1 1 1 3 5
33	5 3 2 1 1 2 1 1 1 3 5
34	3 4 2 2 1 1 1 1 1 3 3
35	1 3 2 2 1 1 2 1 1 2 1
36	3 3 1 1 1 1 1 1 1
37	2 3 2 1 1 1 1 2 3 1
38	3 5 1 1 1 1 1 2 3
39	4 6 3 6 4
40	5 4 5 5

난이도 ●●●●●

B27 둥근 눈덩이 두 개로 만들어요

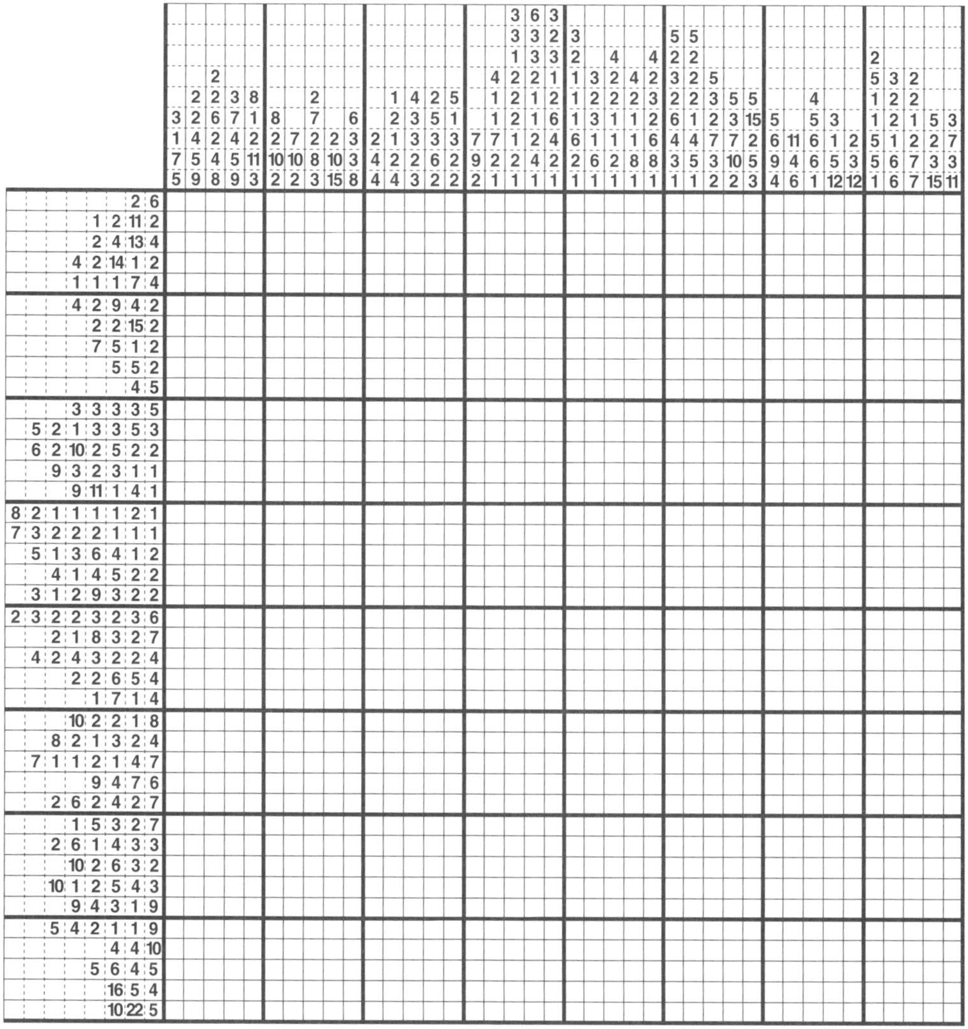

난이도 ●●●●●

B28 외계인이 타고 있어요

가로 열쇠 (Column clues, left to right, top to bottom):

Column	Clues
1	2 2 3 2 2 1 1 7 10
2	7 1 2 1 3 12 2 2
3	1 1 1 2 3 2 1 7 8
4	6 1 1 1 2 3 4 4 2 2
5	2 1 1 1 2 1 1 8 2 4
6	2 2 1 1 2 1 1 6 3 4
7	3 1 2 2 1 1 2 3 5 1
8	2 2 1 3 1 1 4 1 1 2 1
9	1 1 1 1 1 1 1 5 1 1 1
10	2 1 2 1 1 1 2 1 3
11	1 6 1 1 1 5
12	1 1 8 1 1 3 2
13	2 9 1 1 3 1
14	1 10 1 1 1 1
15	1 3 6 1 1 1 1
16	1 4 5 1 1 1 1
17	6 4 1 1 1 2
18	3 2 3 1 1 1 3
19	2 2 1 1 1 1 1 1 2
20	2 1 2 1 1 1 1 1 2
21	3 1 1 1 1 1 2
22	2 1 2 1 1 1 1 1 3
23	2 2 1 3 1 1 1 1 3
24	3 3 2 1 1 1 4
25	9 1 1 1 1 3
26	10 1 1 3 2
27	1 8 1 3 1
28	1 2 7 2 3 1
29	1 2 1 2 2 3 1 2
30	2 9 2 5 1 1
31	1 8 2 5 4
32	1 1 5 2 5 3 3
33	1 1 1 4 4 1 3 4
34	3 1 3 4 2 1 1 1 2
35	2 2 1 3 3 6 4 4
36	3 1 1 1 2 3 8 4 1
37	2 1 1 2 2 3 3 1 4 5
38	2 4 1 1 1 2 8 1 2 2
39	3 3 4 1 1 4 17
40	4 1 3 1 3 2 8 6 1

세로 열쇠 (Row clues, top to bottom):

Row	Clues
1	6 3 3 1 1 1 1 2 3 2 1
2	2 5 2 1 1 3 2 1 7
3	3 1 1 1 2 1 2
4	2 1 3 1 1 10 6
5	6 2 5 6 1 2 1
6	1 1 1 5 3 2 1 1 3
7	3 2 1 5 2 2 2 2 1 2
8	1 1 1 3 2 2 3 2 1 2
9	2 1 3 2 5 2 2 1
10	2 1 5 2 5 2 1 2
11	1 1 1 6 6 3 2
12	4 7 8 1 2
13	1 8 1 3 3 1 1
14	1 1 9 2 6 1 1
15	2 26 2
16	3 2 1
17	1 32 1
18	3 11
19	2 5
20	2 1
21	39
22	1 15
23	2 34
24	2 2 5 3
25	10 21 6
26	11 2 3 8
27	6 2 3 2 3 2 1 7
28	12 2 3 1 3 2 3
29	3 3 1 1 4 11
30	7 2 2 1 1 2 3
31	5 2 2 1 5
32	2 5 1 2 3 1
33	4 2 1 4 4
34	3 4 1 3 2
35	1 3 3 1 2 3
36	4 2 1 5
37	3 2 1 4 2
38	1 4 1 4
39	7 5
40	3 1 1 1 2

난이도 ●●●●●

B29 지금 몇 시죠?

				2	2	9	1
				3	2	2	8	1
				4	2	3	6	1
				5	2	2	5	1
	6	2	1	3	2	2	1
				9	3	6	1
				9	2	3	1
					8	2	1
					8	3	1
					8	3	1
					7	3	1
					7	5	1
	7	1	1	1	2	1	1
	7	1	1	1	2	2	1
	7	1	1	1	1	2	1
		7	1	2	2	1	1
		7	2	1	1	4	1
		7	2	1	4	1	1
				8	2	9	1
				8	6	8	1
			9	4	5	6	1
			10	2	7	7	1
				10	8	3	1
			11	3	2	3	1
1	10	2	1	2	1	2	1
	1	1	10	1	1	2	3
1	1	7	1	3	1	2	2
		1	1	9	2	2	1
	1	1	3	4	2	4	1
			1	1	2	6	4
		1	1	2	3	3	2
			1	1	7	2	2
			1	1	2	3	3
				1	18	2	6
				21	2	1	1
	2	15	2	2	3	4	1
		2	14	2	3	4	1
		2	13	2	2	2	1
			2	12	3	4	1
			2	2	1	6	1

						22
						35
					23	2
						35
				22	2	2
				22	3	2
				22	4	2
			5	10	5	1
				3	8	6
			2	6	8	7
			2	3	8	7
			2	2	8	6
	2	4	2	4	2	6
1	3	3	1	2	1	6
				12	1	6
		4	3	3	5	6
		5	3	1	4	6
		2	2	1	3	6
	4	2	2	3	1	8
		3	3	3	2	8
		2	1	7	2	2
			4	4	10	2
				11	6	2
			1	5	2	2
			3	2	1	2
		4	1	2	1	2
			5	2	2	2
			2	2	1	1
	2	2	2	1	2	1
		6	2	1	2	3
	4	1	2	1	2	2
		6	1	2	1	1
		5	1	3	2	4
		4	2	3	1	2
		3	3	2	2	2
		2	2	1	1	2
		1	2	2	1	1
				2	2	4
					2	5
						40

난이도 ●●●●●

B30 옐로카드!

Column clues (left to right, read top to bottom):

Column	Clues
1	4 8
2	4 7 2
3	4 8 1
4	4 8 1
5	4 9 1
6	4 9 1
7	4 8 1
8	4 8 2
9	4 1 2 3
10	4 1 3 2
11	5 1 3 7
12	13 2 9
13	4 3 2 10
14	5 1 5 2
15	6 2 1 1 1
16	6 2 2 2 1 1 12
17	6 1 1 1 2 2 15
18	6 4 23
19	6 5 1 1 2 1
20	5 1 1 2 2 1
21	4 2 2 2 14
22	2 2 6 13
23	4 4 13
24	12 2 1 2
25	6 1 18
26	4 18
27	4 4 1 7
28	9 4 1 8 1
29	1 1 4 17
30	1 1 4 2 12 1
31	1 3 4 1 14 1
32	1 3 5 1 14 1
33	1 2 1 5 2 14 1
34	1 1 1 1 1 6 14 1
35	1 1 1 1 1 3 14 1
36	5 3 13 1
37	2 3 13 1
38	3 3 2 14
39	14 3 1 2
40	3 4 1

Row clues (top to bottom):

Row	Clues
1	9
2	1 1
3	1 1
4	7 1 1
5	10 1 4
6	13 1 1 2
7	10 3 1 4 1
8	10 3 1 2 2
9	2 6 3 8 1
10	2 2 1 1
11	2 2 4 1
12	12 4 4 10 1
13	10 1 2 2 2 1 10 2
14	10 1 2 1 15
15	10 1 2 1 15
16	2 3 2 1 4
17	1 2 1 1
18	2 4 1 2 1
19	4 1 2 2 1
20	3 2 4 2 1
21	2 1 7 7 2
22	4 4 1 1 3 1 5 2
23	3 1 2 2 1 3 9
24	4 1 3 2 3 10
25	5 1 1 2 2 11
26	8 5 2 12
27	7 3 3 2 12
28	7 2 21
29	7 8 2 11 1
30	6 5 3 2 11 1
31	5 2 3 3 2 11 1
32	5 2 3 3 15
33	3 2 3 3 3 10
34	2 3 3 3 3 10
35	1 3 3 3 3 1 6 1
36	1 4 3 3 3 1 1
37	1 5 3 3 15
38	1 1 3 3 7 2
39	2 2 3 3 4
40	7 3 3 2

난이도 ●●●●●

B31 우리나라 고유의 무술

Column clues (left to right, top to bottom):

Col	Clue
1	9 18
2	9 16
3	9 3 16
4	6 5 3 14
5	7 2 1 1 15
6	7 2 3 10 4
7	7 7 2 1 9 4
8	4 1 1 1 3 5 4
9	4 1 6 2 4 4
10	5 2 2 2 1 3 4
11	5 1 1 3 4 4
12	6 2 4 2 3 4
13	4 2 4 2 2 3
14	3 2 2 2 1 4
15	1 6 2 1 4
16	1 5 1 4
17	2 2 1 4
18	4 2 1 4
19	6 2 2 1 4
20	2 2 2 5
21	4 1 1 8
22	5 2 1 8
23	7 2 3 4
24	4 4 2 3 3
25	6 3 3 3 3 3
26	1 11 1 5 7
27	8 2 3 3 5 7
28	1 2 2 1 4 2 2 13
29	2 6 3 3 1 1 3
30	9 3 3 1 1
31	7 2 3 3 1
32	7 1 1 1 2 7 4
33	5 1 1 3 1 3 13
34	7 3 1 1 7
35	14 4 3 2
36	7 4 4 2 7
37	10 5 1 1 4 3 3
38	8 1 1 8 3
39	2 2 10
40	5 10

Row clues (top to bottom):

Row	Clue
1	12 4 4
2	12 3 1 1 7
3	13 2 4 8
4	13 2 2 12
5	7 5 1 15
6	7 3 1 3 10
7	3 3 2 3 4 5
8	3 14
9	3 1 3 4
10	5 3 2 1 2
11	3 3 1 4 3 2 1 2
12	3 2 5 3 1 3
13	2 2 5 3 3 3 3
14	2 1 4 2 15
15	10 2 2 9 5 2
16	2 5 2 2 1 3 1 1
17	1 3 6 2 1 2 1
18	1 3 6 2 3 1
19	1 3 1 3 5 2
20	5 7 3 5
21	4 9 3 3
22	4 4 4
23	3 4 3 3
24	10 4 1 3
25	9 6 1 3
26	8 3 1 5
27	7 5 2 1 5
28	14 2 2 4
29	12 1 1 4
30	11 2 1 3
31	9 1 1 2
32	8 1 1 2
33	6 4 1 1 1
34	5 8 6
35	8 8 6
36	1 9 3 4 6
37	20 9 1
38	25 3 2
39	21 6
40	15 6

난이도 ●●●●●○○○○○

B32 물거품이 되어 버린 공주

Column clues (left to right, top to bottom)

Column	Clues
1	2 2 5 2 2 13 1
2	5 5 1 2 2 9 4
3	1 2 4 8 2
4	3 4 1 2 3 2 2 2
5	5 3 1 2 1 2 6 2
6	9 1 2 1 2 2 3 1 2
7	3 4 1 4 3 4 2 2
8	3 4 2 2 1 1 2 2 2 1
9	1 1 4 1 1 2 1 2 2 2
10	3 3 4 1 2 2 1 2 2
11	3 2 4 2 1 2 4 3
12	6 3 4 2 2 5 1 3
13	5 7 1 2 5 1 5
14	1 3 3 3 4 1 2 1 1 8
15	1 3 7 3 2 10
16	1 2 10 3 1 4 8
17	3 8 4 13 1
18	3 7 2 1 1 12 2
19	2 8 6 12 1 1
20	2 9 4 3 9 1
21	1 9 1 5 6 1 3
22	1 9 3 9 4
23	5 5 5 7 5
24	6 2 1 5 3 4 2
25	4 3 2 7 1
26	4 5 2 4 1 3
27	3 1 4 5 2 4 2 2
28	5 1 1 7 4 3
29	3 3 1 5 4 1 1
30	2 2 1 2 4 3
31	1 2 4 8
32	2 2 1 2 9 1
33	1 1 1 2 3 10 1 2
34	3 2 1 1 1 9 2 3
35	4 2 2 6 5 1
36	5 2 4 1 3
37	2 4 12 1
38	1 5 12 10
39	1 2 17 3 5
40	3 16 10 5

Row clues (top to bottom)

Row	Clues
1	2 10 7 3 4
2	2 4 4 4 6 1 1 2 1
3	7 5 3 10 2 1 2
4	2 3 5 11 1 2
5	2 5 5 7 2 1 1
6	3 3 6 2 2 1
7	2 7 4 1 1 1 1 1
8	2 5 10 2 1 2 1
9	6 14 1 2 1 1
10	4 15 2 3 1 1
11	2 5 8 1 3 2 1
12	3 8 1 1 2 2 2
13	2 3 8 1 2 3 2
14	4 7 1 3 2
15	2 3 3 2 4 2
16	1 2 4 3 1 4 3 3 2
17	4 2 3 12 1 1 3
18	2 4 2 3 9 2 1 3
19	1 2 3 4 2 4 1 3
20	2 2 3 2 1 2 2 3
21	2 3 8 2 1 2 3
22	2 1 2 3 3 2 2 1 3
23	3 7 2 2 2 2 2 2
24	3 2 3 2 1 4 2 2 3
25	3 1 1 1 3 2 3 2 3
26	3 1 1 3 3 2 2 2 4
27	3 5 1 6 2 2 2 4
28	3 4 2 8 2 2 4
29	5 1 1 1 8 2 2 1 1
30	4 2 1 8 2 3 1 1
31	2 2 1 2 6 2 3 4
32	1 2 2 2 8 3 2 4
33	1 1 2 1 8 2 3 4
34	1 1 1 8 3 3 1 2
35	2 2 2 7 3 5 2
36	2 4 2 8 1 5 2 7
37	3 3 6 4 1 1 3 1 4
38	4 1 7 1 3 2 1 3 3 3
39	4 8 1 5 6 2 5
40	1 9 3 2 5 7 3

난이도 ●●●●●●

B33 아무도 못 말리는 만화 속 친구

세로 열 힌트 (1–40):

열	힌트
1	14 12
2	9 1 2 11
3	8 1 2 10
4	10 1 1 10
5	2 4 2 1 4 3 1
6	2 7 1 2 2 2
7	2 3 2 6 2 2
8	2 1 11 3
9	5 1 3 11
10	5 3 1 5 1 2
11	5 5 4 6 1 2
12	4 5 2 2 6 5
13	3 2 2 2 1 8
14	4 5 1 2 6 2
15	5 3 2 3 5 3
16	2 2 5 2 2 3
17	2 1 4 3
18	2 2 6 3
19	2 2 1 6 3
20	2 3 3 1 5 3
21	5 5 2 5 3
22	4 5 1 5 2
23	4 2 2 1 8 1
24	5 5 2 6 5
25	5 3 2 5 1 2
26	5 1 6 1 2
27	3 2 12
28	7 2 14 2
29	9 2 2 4 2 2
30	7 1 2 7 3 1
31	4 3 18
32	2 4 19
33	7 20
34	2 2 21
35	4 2 22
36	2 3 2 22
37	4 3 23
38	2 1 23
39	2 2 23
40	4 23

가로 행 힌트 (1–40):

행	힌트
1	14
2	17
3	7 8
4	4 3 10
5	3 2 3 7
6	2 2 2 3 3
7	3 4 5
8	3 4 4 4 1 1 2
9	2 6 6 4 3 1
10	2 3 2 3 2 4 3 1
11	1 6 6 2 3 2 2
12	4 4 4 1 1 3
13	4 1 2
14	4 1 2
15	4 3 1 4
16	5 2 2 3 3 4
17	5 2 1 4 5 6
18	6 1 1 5 2 7
19	7 1 2 4 2 8
20	2 7 5 2 9
21	1 2 4 2 10
22	1 2 1 1 10
23	6 1 1 11
24	1 1 2 1 11
25	2 1 1 11
26	2 2 1 11
27	1 6 1 11
28	2 1 1 11
29	5 2 4 3 2 3 11
30	5 22 10
31	5 23 10
32	5 9 13 10
33	4 11 12 10
34	4 11 12 10
35	4 1 1 1 1 10
36	7 1 2 7 2 1 12
37	7 4 9 4 12
38	5 2 1 9 1 1 11
39	7 6
40	8 8

난이도 ●●●●●●

B34 아기가 타고 있어요

Column clues (left to right, top to bottom):

1. 3 5
2. 9 1 3 3
3. 5 1 5 2 1 2
4. 2 2 1 2 2 1 2
5. 2 3 1 1 2 3 3
6. 2 2 1 1 1 8
7. 4 2 1 1 2 3 4
8. 1 5 3 1 8 1
9. 2 6 2 1 2 3 1 1
10. 1 5 1 6 1 1
11. 2 1 1 5 1 1
12. 2 12 1 3 1 1 1
13. 1 6 2 1 3 1 3 1 1 1
14. 1 3 3 2 3 1 4 1 2 1
15. 3 3 2 4 1 6 2 1 1
16. 2 3 2 2 4 2 1 1 1
17. 2 5 5 2 2 1 1
18. 3 8 5 1 1
19. 3 8 2 5 1 1
20. 12 3 3 3 1 2 1
21. 8 10 2 1 1 1
22. 8 5 2 1 1
23. 3 3 1 4 1 1 1
24. 3 3 1 3 1 1 1
25. 3 3 1 4 1 1 1
26. 3 3 1 1 4 6
27. 4 3 1 1 11
28. 3 4 1 1 5 2
29. 3 5 7 3 3 1
30. 4 15 2 3 1
31. 3 4 3 9 2 3 1
32. 3 3 3 6 4 3 2
33. 2 4 2 6 12
34. 2 3 1 6 10
35. 2 3 3 2 3 1
36. 3 3 1 2 2 1
37. 2 3 1 2 2 1
38. 5 2 3 1
39. 3 7 1
40. 5 1

Row clues (top to bottom, left to right):

1. 8 5
2. 4 5 8
3. 3 2 3 3 4
4. 1 1 3 2 2
5. 2 2 2 2 3
6. 4 1 2 3 3
7. 2 1 1 2 3 3
8. 2 1 4 2 2 3
9. 1 1 5 2 2 3
10. 1 2 6 2 3 2
11. 2 1 1 2 2 2 2
12. 3 1 2 1 1 2 2 3
13. 1 2 1 2 1 1 2 2 2
14. 1 1 1 1 1 1 2 3 2
15. 1 2 2 3 1 2 2 3
16. 1 2 1 1 2 2 2 3
17. 1 2 1 4 18
18. 1 3 5 16 1
19. 32 2
20. 1 2 2 1 2
21. 18 14
22. 1 6 6
23. 1 3 3 6
24. 1 2 3 6
25. 2 2 3 5
26. 2 3 2 4
27. 27
28. 19 3
29. 1 3 3 3 3
30. 4 5 3 2
31. 8 6 3 3
32. 4 8 7
33. 3 9 3
34. 13 8 2 2
35. 6 7 3 3 2 2
36. 2 3 8 3 3 3
37. 1 2 2 2 3 8
38. 2 3 2 3 7
39. 20 3 3
40. 5 20

난이도 ●●●●●●

B35 유령을 피해 동전을 먹어요

Column	Clues
1	9 9
2	9 3 5 2 2 1
3	1 3 4 1 3 3 2
4	1 2 2 1 1 2 2 2
5	1 2 2 1 1 3 1
6	1 1 2 1 1 1
7	2 1 1 1 3 2
8	2 2 1 5 2
9	1 2 1 1 3 2
10	2 1 1 2 1 1
11	1 1 2 3 2
12	1 1 10
13	1 1
14	1 1 1 8
15	1 2 1 5 1
16	1 3 1 3 2 2
17	1 1 2 1 1 3 1 2
18	2 2 1 1 2 3 1 2
19	1 1 2 1 1 3 1
20	1 1 1 2 1 2
21	2 2 2 1 1 3 2
22	3 1 1 2 1 2 1 2
23	1 2 2 3 2 4 1 3 1 1
24	1 2 1 2 2 1 2 1 1 3 1 1
25	1 2 2 1 1 5 1 1 3 1
26	1 5 2 2 2 1 1 9
27	1 1 1 3 1 1
28	1 1 1 1 1 8
29	1 1 1 3 1 1 2 1
30	1 1 1 2 2 1 1 2 3 1
31	12 11 1 2 2 2
32	1 1 1 2 2 3 1 1 1 3 1
33	1 1 1 1 1 1 1 5 1
34	1 1 1 1 1 1 3 1
35	1 1 1 3 1 1 1 2
36	1 1 1 2 2 1 1 1 3 2
37	1 1 1 1 1 1 1 1 2 2 2
38	1 1 1 2 2 1 1 3 3 1
39	4 3 3 4 6 1
40	8

Row	Clues
1	9
2	9 22
3	1 2 2 1 1
4	1 2 2 1 1
5	1 2 2 1 1
6	3 15
7	2 2 1 1
8	2 1 1 1
9	2 2 1 1
10	2 16
11	1 3 1
12	1 4 1
13	1 3 3 3 3
14	1 3 2 2 2 2 2 2
15	1 3 1 1 1 1 1 1
16	1 3 2 2 2 2 2 2
17	1 3 3 3 3
18	1 3 1
19	1 3 1
20	2 2 1
21	1 2 1
22	2 2 1
23	4 17
24	1 2 2 1 1
25	1 2 4 1 1
26	1 2 3 1 1 1
27	16 15
28	0
29	4 5 5
30	2 3 3 2 2 2
31	2 2 2 1 2 2
32	4 3 1 4 3 1 1 3 3
33	1 2 2 3 2 3 6 1 2 2 2 2
34	3 1 3 2 2 3 1 4 1 1 3 1 3
35	5 3 2 3 1 1 2 1 5 5
36	1 2 3 1 1 3 3 1 1 3 4
37	1 1 1 1 1 1
38	1 1 1 1 1 1 1 1 1 1 1 1
39	1 3 3 2 1 3 3 1 1 1 3 3 2
40	3 2 4 3 3 2 2 2 3 2 1

난이도 ●●●●●●○○○○

B36 행복한 성탄절 보내세요

Column clues (left to right, top to bottom):

Column	Clues
1	2 2 6 2 2 1
2	4 2 3 4 2 3
3	4 2 1 2 2 6 1 3
4	2 2 1 4 2 7 1 1
5	2 1 3 2 8 1
6	2 6 3 1 6 1
7	1 2 4 4 6 1
8	3 2 2 15 2
9	1 2 2 7 1 1
10	3 4 4 4 5
11	6 5 7 2 1
12	7 4 13 3
13	6 1 4 4 3 1 1
14	6 1 1 3 6 4 4
15	6 1 2 1 5 1 9
16	6 6 1 1 2 1
17	5 16 9 1
18	3 4 1 1 3 1 1 3
19	7 1 1 2 1 3 1 1 1 3
20	5 1 1 2 1 3 1 1 1
21	1 1 1 2 1 9
22	1 2 8 4 6
23	7 1 1 3 1 1
24	9 2 5 4 4 1 3
25	4 5 2 5 11 1
26	6 6 8 2 1
27	6 1 4 1 1 3 4
28	6 1 2 2 5 4 1 1
29	6 1 1 3 5 4 1 3
30	7 1 7 3 5 3
31	4 1 9 1 1
32	3 1 1 5 9
33	1 1 4 5 2 1 1
34	3 2 5 3 2 1 1 1 1
35	1 2 1 4 3 1 3 1
36	2 1 11 3
37	2 2 1 7 3 1 1 1
38	4 3 4 3 3 1 1 1
39	4 3 2 3 1 1 2
40	2 3 1 9 1 4

Row clues (top to bottom):

Row	Clues
1	1 4 4 1
2	2 3 6 6 3 2
3	4 1 9 8 1 4
4	4 21 4
5	2 11 10 2
6	10 2 2 7
7	7 6 6
8	3 10 9 3
9	2 4 4 3
10	2 4 5 2
11	2 5 6 2
12	2 3 2 3 2
13	1 4 4 2 2
14	6 2 2 1 1
15	1 2 5 1 10
16	2 1 2 3 13 2 1
17	1 3 1 3 1 1 1 3 3 4 2
18	1 4 2 2 2 1 2 1 1 2 3 2
19	1 4 2 2 1 1 3 5 2 1
20	1 3 3 1 4 3 6 1 1
21	2 5 3 1 4 3 7 2
22	13 1 1 3 7 3
23	33 5
24	2 2 2 1 1 1
25	1 1 22 6
26	4 1 6 24
27	3 1 16 4 9
28	6 3 4 2 2 2 1 1 1
29	6 1 1 1 3 1 3 1 3
30	6 1 1 2 1 2 2 1 1 1 1 1
31	6 1 1 2 3 2 2 1 1 1 1 3 1
32	5 1 1 2 1 2 2 1 1 1 1 1
33	1 3 13 7 9
34	2 5 1 1 3
35	7 4 2 1
36	4
37	1 1 2 1
38	2 3 2 3 2 2
39	4 1 1 4 1 4 1 2
40	2 2 2 1

난이도 ●●●●●●

B37 임금님이 벌거벗었어!

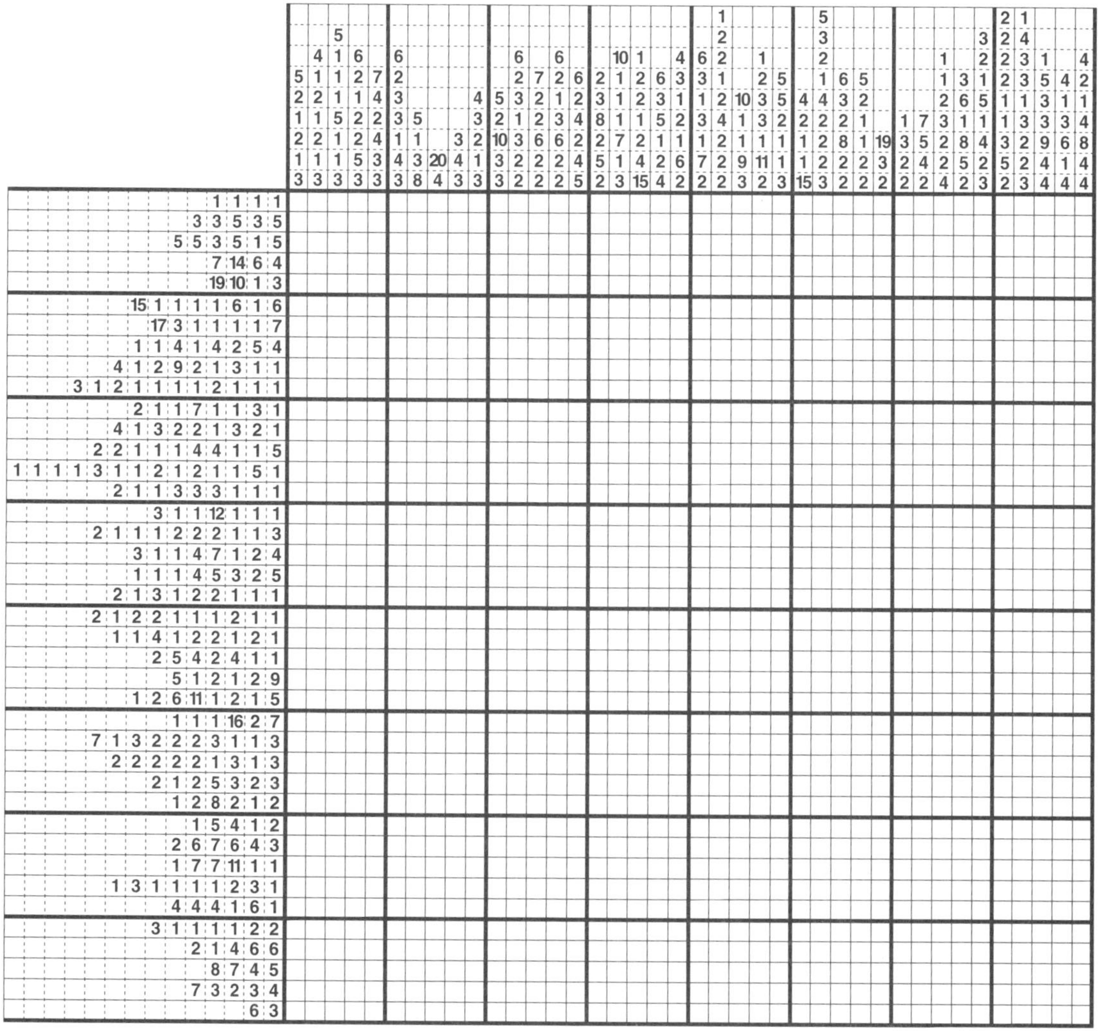

난이도 ●●●●●●●

B38 독사가 나타났어요!

Column clues (left to right, top to bottom):

1. 1 12 5
2. 1 1 6 5 5
3. 1 1 4 5 4
4. 3 4 4 4
5. 3 3 5 3
6. 2 3 2 5 3
7. 2 3 2 5 3
8. 2 4 3 2 6 2
9. 4 2 3 2 5 2
10. 2 3 4 3 5 2
11. 1 2 4 4 5 2
12. 2 4 4 4 5 2
13. 2 6 4 3 6 2
14. 1 1 1 7 4 3 6 2
15. 1 2 1 10 17 2
16. 1 2 1 14 1 1 6 2
17. 1 2 1 8 1 1 1 1 3 1
18. 1 1 1 1 2 1 1 1 1 1 1 2 1
19. 3 3 1 1 1 1 1 7 1 2
20. 1 3 1 1 1 2 6 5 2
21. 1 4 1 1 7 2 3
22. 2 1 6 5 4 1
23. 2 6 5 9 3 1
24. 2 10 8 3 3 1
25. 11 2 6 4 5
26. 9 2 6 5 4
27. 7 2 6 4 4
28. 2 3 2 3 4 4
29. 4 2 2 2 4
30. 2 1 2 4
31. 1 1 3 5
32. 1 1 3 2 5
33. 1 2 3 1 1 1 4
34. 2 2 1 1 2 2 5
35. 6 2 1 2 2 5
36. 4 3 1 1 3 5
37. 7 2 12
38. 3 1 4 7
39. 2 5 4
40. 6

Row clues (top to bottom):

1. 7
2. 2 4
3. 3 5 2
4. 2 4 2
5. 2 2
6. 2 5 2
7. 19
8. 4 9
9. 3 4 8
10. 2 6 7 4
11. 2 15 1 4
12. 8 5 4 1 3
13. 3 5 5 1 4
14. 4 13 2 1 2
15. 4 4 1 2 2
16. 3 4 2 2 2
17. 9 2 4 2
18. 2 2 2 2 2
19. 1 2 2 2 3
20. 6 1 2 2
21. 16 1 4 5
22. 16 2 5 3
23. 20 6 2 2
24. 4 6 1 7 5 1
25. 2 1 1 10 2
26. 2 6 4 3 3
27. 1 2 5 2 1 7
28. 1 10 1 1 6
29. 1 12 4 4
30. 2 3 1 1 6 3 1
31. 3 1 1 2 9 2
32. 8 8 7 3
33. 15 1 3 3
34. 15 1 4
35. 20 6
36. 2 12 5 8
37. 4 11 17
38. 7 20
39. 16 3 11
40. 18 12

난이도 ●●●●●●●

B39 아름다운 꽃의 여왕

Column clues (left to right, top to bottom)

Column	Clue
1	5
2	3 4
3	7 6 5
4	2 4 5 7
5	1 3 8
6	1 1 5
7	9 2 4
8	2 5 4 4
9	3 3 5 4 3
10	2 3 5 1 5 9
11	2 2 4 5 10
12	3 2 2 4 5 5 3
13	1 1 7 1 2 5 3 5
14	2 3 3 2 2 6 3 7
15	1 3 3 2 2 3 2 3 7
16	1 3 3 2 2 2 2 1 3 7
17	1 3 3 3 5 2 3 8
18	1 3 2 2 1 6 2 12
19	2 1 1 1 4 5 2 2 8
20	1 1 2 5 5 6 7
21	3 3 3 5 1 4 5
22	2 4 4 1 4 3 3
23	2 5 5 1 4 8
24	2 9 2 3 8
25	3 6 3 3 7
26	4 4 4 2
27	1 2 7 4 4
28	1 9 4 4 5
29	2 6 3 2 6
30	2 3 4 3 7
31	3 3 3 7
32	4 2 2 8
33	10 3 6
34	1 8 4 6 6
35	2 17 3 5
36	2 14 4 4
37	2 4 3 5 3
38	3 2 5 2
39	5 2 7
40	9 6

Row clues (top to bottom)

Row	Clue
1	6
2	3 3
3	2 3
4	3 14
5	2 3 3 3
6	2 6 3 2
7	3 5 2 3 6
8	1 2 2 3 2 2 3
9	1 2 2 2 4 3 2 2
10	1 1 1 4 4 3 2 1
11	4 2 3 2 1 4 3 3 2
12	2 1 1 5 4 3 2 3 1
13	1 1 2 3 5 2 2 4 1
14	1 2 1 1 3 3 3 2 4 2
15	1 5 2 5 3 2 5 2
16	1 5 2 3 1 7 1
17	2 6 4 5 6 4 1
18	3 2 2 8 7 3 1
19	1 2 2 4 6 5 1 3 1
20	2 2 9 4 1 4 1
21	1 5 6 1 2 3 1
22	1 4 2 2 2 2 3 2
23	2 10 3 3 3 2
24	2 14 3 4
25	2 5 3 3 3
26	2 7 9 4
27	2 5 8 2
28	2 10 1
29	2 9 2
30	2 5 6
31	2 6 2 10
32	10 5 8 5
33	9 20 5
34	9 12 9 4
35	6 3 12 10 3
36	4 2 9 3 10 2
37	3 2 8 3 11
38	3 11 4 8
39	2 9 3
40	1 5 3

난이도 ●●●●●●●

B40 우리나라 전통 의상

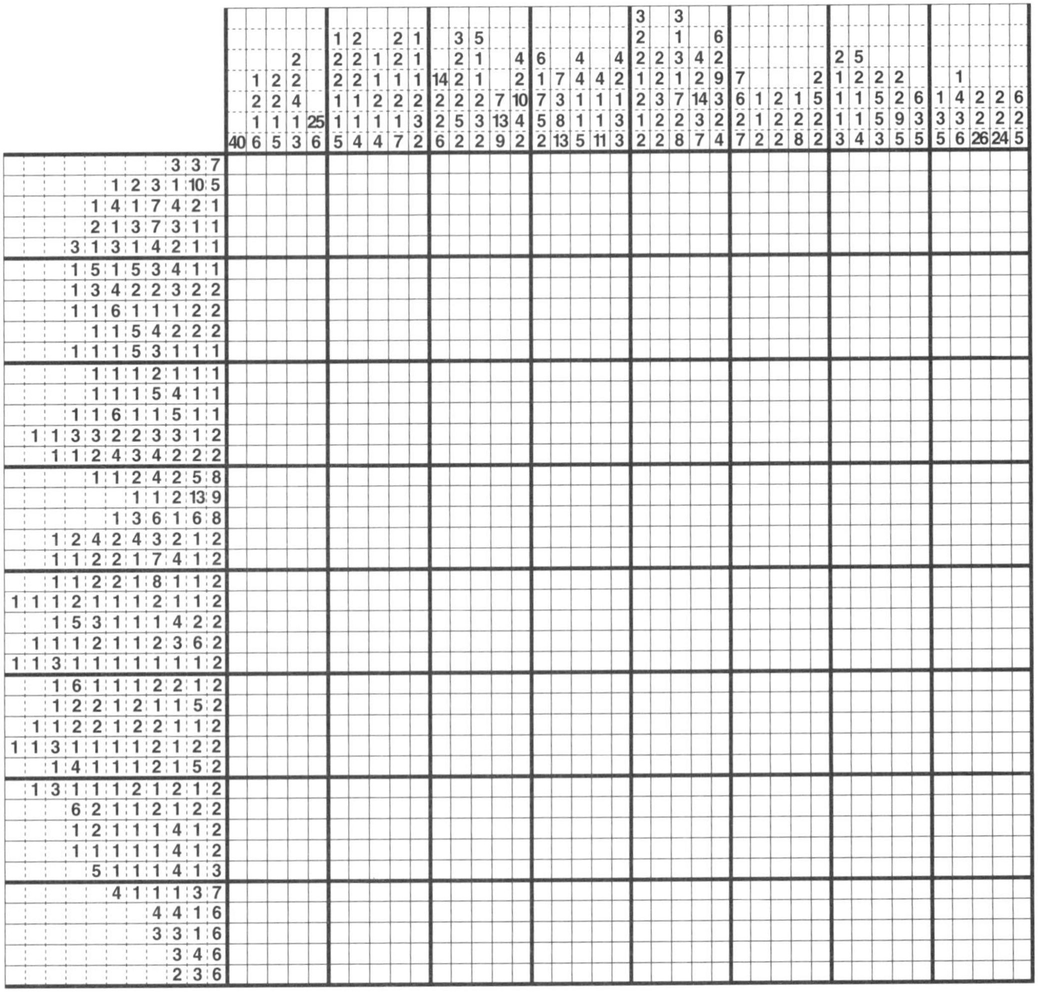

Column clues (left to right, top to bottom):

1. 40
2. 1 2 1 6
3. 2 2 1 5
4. 2 2 4 1 3
5. 25 6
6. 1 2 2 1 1 5
7. 2 2 2 1 1 4
8. 1 1 2 1 4
9. 2 2 1 2 1 7
10. 1 1 1 2 3 2
11. 14 2 2 6
12. 3 2 2 2 5 2
13. 5 1 1 2 3 2
14. 7 13 9
15. 4 2 10 4 2
16. 6 1 7 5 2
17. 7 3 8 13
18. 4 4 1 1 5
19. 4 1 1 11
20. 4 2 1 3 3
21. 3 2 2 1 2 1 2
22. 2 2 3 2 2
23. 3 1 3 1 7 2 8
24. 4 2 14 3 7
25. 6 2 9 3 2 4
26. 7 6 2 7
27. 1 1 2
28. 2 2 2
29. 1 2 8
30. 2 5 2 2
31. 2 1 1 1 3
32. 5 2 1 1 4
33. 2 5 5 3
34. 2 2 9 5
35. 6 3 5
36. 1 3 5
37. 1 4 3 6
38. 2 2 26
39. 2 2 24
40. 6 2 5

Row clues (top to bottom, left to right):

1. 3 3 7
2. 1 2 3 1 10 5
3. 1 4 1 7 4 2 1
4. 2 1 3 7 3 1 1
5. 3 1 3 1 4 2 1 1
6. 1 5 1 5 3 4 1 1
7. 1 3 4 2 2 3 2 2
8. 1 1 6 1 1 1 2 2
9. 1 1 5 4 2 2 2
10. 1 1 1 5 3 1 1 1
11. 1 1 1 2 1 1 1
12. 1 1 1 5 4 1 1
13. 1 1 6 1 1 5 1 1
14. 1 1 3 3 2 2 3 3 1 2
15. 1 1 2 4 3 4 2 2 2
16. 1 1 2 4 2 5 8
17. 1 1 2 13 9
18. 1 3 6 1 6 8
19. 1 2 4 2 4 3 2 1 2
20. 1 1 2 2 1 7 4 1 2
21. 1 1 2 2 1 8 1 1 2
22. 1 1 1 2 1 1 1 2 1 1 2
23. 1 5 3 1 1 1 4 2 2
24. 1 1 1 2 1 1 2 3 6 2
25. 1 1 3 1 1 1 1 1 1 1 2
26. 1 6 1 1 1 2 2 1 2
27. 1 2 2 1 2 1 1 5 2
28. 1 1 2 2 1 2 2 1 1 2
29. 1 1 3 1 1 1 1 2 1 2 2
30. 1 4 1 1 1 2 1 5 2
31. 1 3 1 1 1 2 1 2 1 2
32. 6 2 1 1 2 1 2 2
33. 1 2 1 1 1 4 1 2
34. 1 1 1 1 1 4 1 2
35. 5 1 1 1 4 1 3
36. 4 1 1 1 3 7
37. 4 4 1 6
38. 3 3 1 6
39. 3 4 6
40. 2 3 6

난이도 ●●●●●●●

B41 도토리를 좋아하는 숲속 동물

열 (Column)	단서
1	6 10 9
2	3 4 3 3 9
3	2 1 3 3 4 6 4
4	2 2 2 2 9 10
5	2 4 2 12 9
6	2 2 3 5 2 9
7	3 5 5 5 2 8
8	4 4 10 8
9	6 8 2 1 1 6 2
10	2 10 3 6 12
11	2 6 4 3 5 8
12	2 4 2 3 6
13	4 11 2 4
14	11 3 2 3
15	8 3 2 3
16	7 2 2
17	2 1
18	3 1 1
19	2 1 1
20	7 1 1 1
21	2 2 1 2 1
22	6 2 4 2 2 1
23	6 1 2 1 3 1
24	3 1 2 2 3 1 1
25	2 1 2 1 9 1 1
26	3 1 3 2 3 2 1
27	2 3 2 1 3 3
28	1 3 1 1 1 3 3
29	2 2 2 1 5 1 3
30	3 2 3 5 3 4
31	4 5 1 10 4
32	2 2 1 3 2 9 3 4
33	8 4 1 6 1 3 4
34	5 2 1 7 3 4
35	4 1 6 3 2 1
36	3 3 2 4 4
37	5 2 1 9
38	2 1 5 9
39	3 3 3 5
40	3 7 1

행 (Row)	단서
1	9
2	12
3	2 3 3 3 2
4	2 3 3 5 4
5	1 3 2 3 3 2 3 1
6	2 3 3 2 2 9
7	3 3 2 3 3 2
8	5 1 3 3 2 1
9	3 1 3 4 2 2
10	1 3 4 2 4 2
11	2 3 4 1 1 3 3
12	1 2 2 1 1 3 2
13	1 3 5 1 4
14	1 3 2 1 2 1 1
15	2 3 5 3 2 3
16	2 3 4 2 2 6 2
17	1 3 2 2 2 3 2
18	2 3 2 1 1 1 2
19	1 3 2 2 2 1 1 7
20	2 3 2 2 2 1 1 3 4
21	1 2 2 1 2 1 2 1 1
22	1 3 2 2 2 2 6 2
23	1 3 2 1 2 2 2 1
24	1 3 2 1 2 3 9
25	1 3 2 3 5 4 9
26	1 2 1 3 3 8 2
27	1 3 4 2 7 1
28	2 4 1 1 10
29	2 5 1 5 3
30	2 1 1 1 5
31	2 1 1 2 1
32	6 2 3 10
33	11 4 11
34	11 3 11
35	12 3 2 3 1
36	2 10 3 4
37	13 7 11
38	8 6 15
39	16 8 4
40	12 27

난이도 ●●●●●●●●

B42 머리 위에 링이 있어요

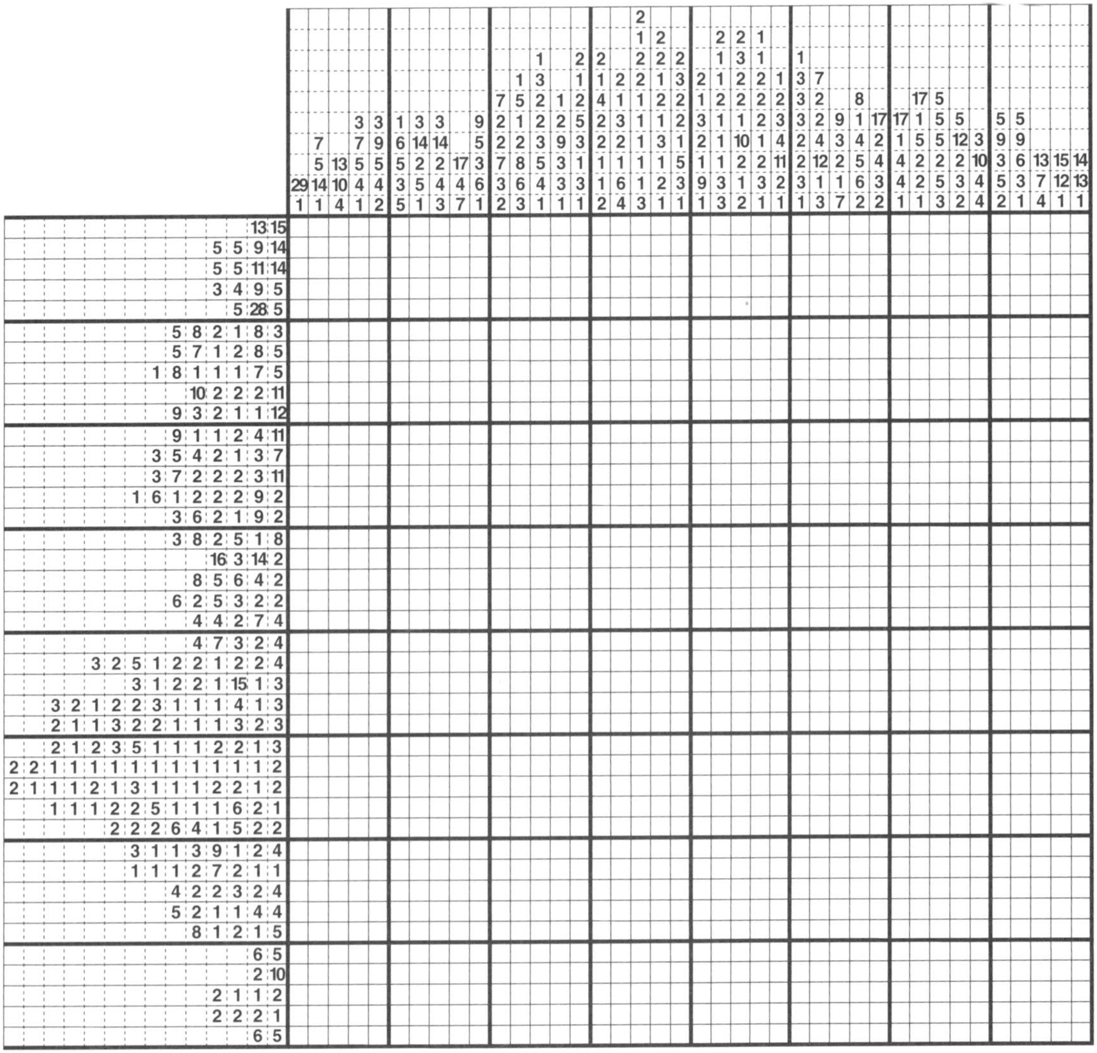

난이도 ●●●●●●●●●

B43 공을 발로 차서 골대에 넣는 스포츠

열	세로 힌트
1	1 1 4 9 3
2	1 1 4 1 9 5
3	1 1 4 1 9 6
4	1 1 1 3 10 5
5	1 1 2 4 1 2 4
6	1 1 1 2 1 2 1 2
7	1 1 2 2 1 1 1
8	1 1 1 1 1 1 1
9	1 1 1 1 1 4 1
10	1 1 1 1 2 1 2 3
11	1 1 4 1 1 9 1 1
12	1 1 6 2 12 2
13	1 1 6 2 10 1
14	1 1 8 9 2
15	1 1 5 9 1
16	1 1 3 8 2
17	1 1 1 7 7
18	7 10 5
19	4 4 6 2 4
20	6 4 3 5 4
21	4 1 2 2 2 5
22	3 1 1 1 2 1 1 2 3
23	2 2 1 3 4 1 3 2
24	2 1 2 3 1 1 2 1
25	2 3 2 4 1 3 6
26	3 2 4 7 2 3 2 2 2
27	7 7 2 5 1 3 1
28	1 1 5 1 1 4 3
29	1 1 4 1 1 1 2 3
30	1 1 2 1 1 3 2 1
31	1 1 1 1 1 3 4
32	1 1 1 1 1 1 5
33	1 1 3 2 1 1
34	1 1 2 1 9
35	1 1 3 2 9
36	1 1 1 1 9
37	1 1 5 9
38	1 1 9
39	1 34
40	1 1

행	가로 힌트
1	8
2	39
3	5 2 1
4	21 12
5	1 1 2 3 1
6	1 1 1 3 1
7	2 1 1 1
8	10 2 2 1
9	10 3 2 1
10	3 6 2 5 1
11	3 5 2 2 2 1
12	1 4 3 2 1
13	1 8 2 1
14	2 2 1 4 1
15	1 1 2 4 4 1
16	1 1 2 5 3 1 1
17	2 1 2 4 5 1 1 1
18	1 2 1 3 1 1 1 1
19	1 2 2 4 3 1
20	4 3 1 2 3 1
21	5 2 7 1
22	14 1
23	11 2 1
24	10 2 1
25	19 13
26	4 9 1 6
27	4 12 1 6
28	4 7 2 2 6
29	4 5 1 1 5 6
30	4 1 1 1 2 6
31	4 3 2 1 2 6
32	4 2 1 1 2 6
33	9 4 1 14
34	3 1 5 5 1 2 1
35	3 2 3 3 2 1 5 1
36	4 3 5 5 1 1
37	10 6 3 3 1
38	4 5 1 6 2
39	5 4 2 2 2
40	4 6

난이도 ●●●●●●●●●

B44 헤드폰을 쓰고 뭘 하는 걸까요?

Column clues (top to bottom):

Column	Clue
1	2 15 7
2	2 20 3
3	5 16 2
4	2 12 1
5	2 11 1
6	2 8 2
7	5 5 8 1
8	3 1 8 1 2
9	6 1 4 2 1 2
10	1 3 4 2 2 1
11	6 7 1 7
12	2 9 3 3 3
13	2 5 1 6 4 2
14	1 6 3 6 3 5
15	2 4 3 5 3
16	1 7 1 1 6 2
17	1 7 3 2 3 2 3
18	1 4 1 2 1 1 6
19	1 7 1 2 1 1 2 3
20	1 7 3 1 2 1 2 2
21	1 5 3 1 1 2 2
22	1 7 1 2 1 2 2
23	1 9 2 4 1
24	1 18 3
25	1 6 10 7
26	2 4 4 15 3
27	2 2 9 2
28	2 2 2 4 1
29	3 4 2 1
30	1 7 1
31	2 1 13 2
32	10 4 1 3
33	5 6 1 7
34	7 9 12
35	14 17
36	5 7 15
37	5 7 5 6
38	1 8 5 7
39	1 12 5 3
40	2 9 4

Row clues (left to right):

Row	Clue
1	3 10
2	5 3 2
3	1 2 2 7 2
4	1 1 1 11 2
5	3 1 1 13 1
6	2 3 1 14 1
7	2 1 5 8 1
8	14 2 2 5 13
9	9 4 2 2 7 7 1
10	9 2 3 1 6 1
11	7 1 5 6 1 2 6 1
12	7 1 1 2 1 2 2 1 3 6 1
13	6 2 1 2 1 2 1 1 5 2 2
14	5 1 1 2 1 1 2 1 2 3
15	5 6 2 1 1 1 6
16	5 3 5 5 1 1 6
17	4 1 2 3 8 1 6
18	4 3 3 8 7
19	4 4 5 3 5 7
20	3 4 8 4 8
21	3 5 4 4 9
22	3 1 5 3 4
23	2 1 4 1 4 5
24	1 3 1 2 4 6
25	1 3 2 8 1 1 5
26	1 2 1 1 1 1 5
27	1 1 1 2 2 1 1 4
28	1 1 2 1 2 1 1 5
29	1 6 2 2 1 1 6
30	1 1 2 5 1 1 3 2
31	1 1 1 3 1 7 2
32	1 1 1 2 1 1 4 2
33	1 2 1 1 1 5 1
34	2 4 1 1 1 6 1
35	1 2 2 2 1 6
36	2 3 2 1 1 7
37	4 1 2 2 5 2
38	1 2 1 5 2
39	1 2 2 5 1
40	1 2 5 2

난이도 ●●●●●●●●●

B45 해바라기 씨를 좋아하는 귀여운 햄스터

가로 (행) 힌트

행	힌트
1	40
2	6 17 5
3	4 15 4
4	3 13 3
5	2 3 3 2
6	2 5 1 2 5 2
7	4 3 1 2 2 2
8	3 6 3 4
9	2 3 2 3 3
10	2 4 2 4 3
11	2 1 3 2 3
12	3 2 4 4 5 1 4
13	5 1 2 2 3 3 2 6
14	8 2 2 1 14
15	8 4 3 2 2 2 9
16	1 1 6 8 1
17	2 3 3 4 1 2
18	4 1 4 1 1 3 2 1
19	3 4 3 4 5
20	1 4
21	4 1 1 1 1
22	3 1 9 5
23	1 5 1 3
24	3 2
25	4 3
26	4 3
27	2 3
28	2 3
29	1 2 1
30	1 4 2 1
31	5 6
32	2 2
33	1 3 4 2
34	1 2 2 1 1 1
35	1 1 1 2 1 1
36	1 2 2 1 2 1
37	6 2 2 2 1 7
38	7 1 1 1 2 7
39	8 2 1 4 1 2 8
40	40

세로 (열) 힌트

열	힌트
1	15 4
2	15 4
3	4 2 4 4 4
4	3 2 3 1 1 3 1 4
5	2 1 3 1 1 2 1 4
6	2 1 2 1 2 2 11
7	1 1 1 2 5 2 3 3
8	1 2 1 6 1 5 2 2
9	1 1 4 1 1 2 2 3 1
10	1 4 3 1 2 2 1
11	1 2 3 2 1 4
12	2 1 6 1 2 2
13	3 2 1 2 2 3 1
14	6 1 1 4 2 1
15	5 2 2 5 4
16	5 2 6 2 1
17	4 2 3 1 1
18	4 1 2 1
19	4 2 2 2 2
20	4 1 1 3 2
21	4 1 2 2 2
22	4 2 2 2
23	4 4 1 1
24	5 2 4 2 1
25	6 1 4 1
26	6 1 5 1
27	3 6 1 4
28	2 3 1 2 3 1
29	1 1 6 3 1
30	1 2 3 1 3
31	1 5 1 1 1 1 1 5
32	1 2 9 1 1 3 4 1
33	1 1 1 3 10 2 2
34	1 1 1 2 2 1 2 4 4
35	1 1 3 1 2 1 10
36	2 2 3 1 1 2 1 4
37	3 2 4 1 1 1 1 4
38	4 8 4 4
39	15 4
40	15 4

B46

난이도 ●●●●

Column clues (left to right, top to bottom):

Column	Clues
1	1
2	1
3	1
4	1
5	1
6	1 10
7	2 1 1 1
8	2 1 11
9	1 1 1 2 3 1 1
10	1 2 1 2 4 1 1
11	2 2 1 2 2 2 1 1
12	1 3 1 13
13	1 2 1 1 1 1 1
14	1 1 11 11
15	4 1 2 1 11
16	2 1 1 2 1 3 5
17	3 2 3 3 10 6
18	2 2 2 2 1 13 7
19	1 4 2 4 1 19
20	1 1 6 3 1 2 1 1 1
21	2 3 2 1 2 1 2 1 1 1 1
22	2 2 1 5 4 1 10 1 1
23	1 1 1 2 2 4 1 1 1 1 9
24	3 1 8 2 1 3 1 1 1 1
25	2 1 5 2 1 14 1 1
26	1 5 2 4 2 20
27	1 1 3 2 2 1 1 1 18
28	1 4 3 3 1 2 2 6
29	2 2 2 5 1 8 2 6
30	3 4 1 4 5 5
31	4 4 2 3 4
32	1 1 2 8 1 2 4
33	1 3 1 1 1 1 1 1 3
34	2 3 1 3 1 2 2
35	1 2 1 12
36	1 1 1 2
37	1 1 1 10
38	2 1 9
39	1 2 1 2
40	1 9
41	1 1 2
42	1 7
43	1
44	1
45	1

Row clues (top to bottom):

Row	Clues
1	3
2	1 1
3	2
4	2 1
5	6
6	3 3
7	2 6 2
8	1 3 2 3 1
9	3 2 3 3
10	3 8
11	4 5
12	3 2 1
13	2 5 1
14	4 2 4
15	2 1 3
16	1 6 1
17	10 2
18	6 2 6
19	4 8 5
20	1 3 3 1
21	6 6 6
22	5 5 5 5
23	2 7 4 6 1
24	6 2 2 3 8
25	3 3 9 4 3
26	7 1 8 1
27	1 3 1 3 1 2
28	1 3 1 3 1 1
29	1 3 1 3 1 1
30	14 3 1 3 1 14
31	1 3 1 3 1 1
32	1 11 4
33	8 1 4 5
34	2 14 2
35	2 8 1 2 8
36	1 3 1 3 9 2 3 2
37	1 2 2 3 2 1 2 5 2 1 1
38	1 1 3 2 2 1 3 1 1 4 1
39	1 3 1 2 3 1 4 3 4 1
40	1 5 2 3 1 5 2 2 1 1
41	1 5 6 1 6 1 4 1
42	1 1 1 6 1 7 1 2 1 1
43	1 5 8 1 9 1 2 3
44	1 1 1 4 3 7 5
45	11 4 3

석가탑과 함께 불국사에 있어요

B47

난이도 ●●●●●●

Row	Clues
1	10 6 19
2	7 5 17
3	4 4 6 15
4	1 1 2 1 10 5 8
5	1 3 3 1 3 3 3 7
6	1 2 3 2 2 3 6
7	7 2 2 3 5
8	11 1 1 2 3 4
9	3 1 8 5 4 2 2 3
10	1 2 1 3 2 3 2 2 3 3
11	2 3 6 1 1 1 2 2
12	2 2 2 2 2 2 3 2
13	2 4 2 2 4 2 1
14	2 2 3 2 3 1 2 2 1
15	3 7 2 2 2 2 1
16	2 18 2 2 2 1
17	4 2 2 1 11 1 2 1
18	3 1 1 11 2 3 1 2 1
19	1 2 8 3 2 2 6 1 2
20	2 3 4 1 1 7 1 1 2 1 2
21	2 8 1 1 7 1 1 3 1
22	2 1 5 1 1 3 5 1 3 2
23	3 6 1 1 1 1 2 1 1 1 2
24	11 1 1 2 1 1 1 1 2 1
25	10 1 1 1 2 2 1 1 2
26	10 1 2 1 1 1 1 1 1 1
27	10 2 1 1 1 1 1 1 2 2
28	9 1 1 1 1 2 2 1 2
29	9 1 1 1 1 2 1 1 3
30	9 2 2 2 1 1 1 1 2
31	3 4 2 1 1 1 2 2 2
32	2 5 2 2 2 2 1 4 1
33	2 5 4 2 1 1 2 1 2 1
34	1 5 7 1 1 1 1 1 4 1
35	1 5 2 4 5 1 2 1
36	1 5 2 3 1 1 2
37	1 6 3 3 1 1 1
38	2 6 9 3 2
39	2 7 4 7 2 1 1
40	2 7 2 1 5 1 2 2
41	3 7 1 1 10 3 1 2
42	3 8 1 1 1 1 3 1 3 3
43	4 7 1 1 6 2 1 4
44	5 7 4 2 2 1 1 6
45	5 9 5 1 11

Column	Clues (top to bottom)
1	4 5 1 1 2 1 23
2	3 1 3 3 3 14 8
3	4 3 2 2 2 1 10 4 5
4	3 4 2 3 7 9 3
5	2 6 1 3 2 1 19 2
6	2 2 2 2 1 4 21
7	2 1 4 4 1 25
8	1 2 2 1 7 13 9
9	1 2 4 3 1 10 1 8
10	1 2 2 2 2 9 2 7
11	2 6 7 1 5
12	1 1 1 3 4 1 4
13	1 3 14 3 2
14	2 3 5 9 1
15	2 2 1 2 7 6
16	3 1 3 5 2 2
17	3 1 1 1 9 3 4
18	3 9 4 5 4 2
19	5 1 9 3 2 1
20	1 2 4 3 2 1 1
21	2 2 7 7 2 2 1 1 1
22	3 5 1 1 4 3 1 3 1 3
23	3 1 1 2 2 8 4
24	3 1 1 2 2 2 2 2 5 1 1
25	2 2 1 3 5 4 1
26	3 2 2 4 4 1 6
27	1 2 1 9 5 2 3 2
28	1 4 3 2 4 3 3
29	2 5 2 5 4 3
30	2 6 1 4 2
31	3 4 7
32	4 5
33	6 1 9
34	8 2 5 2 3
35	10 9 2 4 1 3
36	4 6 2 4 2 1
37	3 15 2 4
38	4 7 4 1 3 1
39	5 3 1 3 1
40	6 3 3 2
41	7 10 2
42	8 4 3
43	10 4 4
44	12 5 6
45	20 7

제임스 본드가 주인공인 영화는?

B48

난이도 ●●●●●●●

가로 (Rows)

1. 2 2 1 1 2 3
2. 3 6 2 2 2 3 2 3
3. 5 2 2 2 2 4 2 2
4. 2 2 27
5. 3 4 1 3 3 2 2 2
6. 3 1 2 22
7. 1 2 2 4 1
8. 1 1 6 1 10 1
9. 4 3 2 1 1 7 1
10. 2 13 1 1 1 1 1 3 1
11. 6 1 1 1 1 1 2 1
12. 1 1 1 7 2 1
13. 1 1 1 1 2 5 2 1
14. 3 1 1 1 1 5 1
15. 1 1 1 1 1 1 3 2 4 1
16. 1 1 1 1 1 1 1 1 2 1 3 1
17. 1 1 1 2 2 1 1 1 1 1 4 1
18. 3 3 2 1 1 1 1 1 1 2 5 1
19. 5 2 2 3 1 1 1 2 4 1 1
20. 7 3 2 1 1 1 9 1 1
21. 3 2 1 1 1 6 1 1 1
22. 2 2 3 1 2 1 1 2 3 4 1 1
23. 5 1 1 2 2 1 1 4 1 3 1
24. 2 5 1 1 2 1 1 5 2 2 1
25. 12 1 1 1 3 8 2 1
26. 4 2 3 1 7 4 1
27. 6 4 1 5 1 1 2 1
28. 3 4 3 2 3 3 2 5 2 1
29. 2 4 5 1 1 1 5 1 4 2 1
30. 11 1 1 3 5 1 1 5 2 2
31. 3 2 1 1 1 1 4 3 1 1 3
32. 8 1 1 2 4 2 1 3
33. 3 2 3 2 1 2 1 19 3
34. 8 2 1 1 1 4 3
35. 22 3
36. 2 4 4 1
37. 4 6 4 2 2 1
38. 3 2 3 2 2 2 3 1 2 2 4
39. 1 2 4 2 5 2 2 2 2 1 2 3
40. 1 1 2 2 1 4 1 1 3 1 1 2 1
41. 4 2 2 2 4 1 1 1 1 2 1 1 1
42. 2 3 2 2 5 2 1 2 2 3 1
43. 2 5 4 2 2 2 6 3
44. 3 2 3 2 5 3 1 2 3 3
45. 4 3 2 4 1 3 1 1 3 1

세로 (Columns)

1. 2 2 1 1 2 3 2
2. 2 2 1 1 2 3 4 4 3
3. 8 2 4 2 6 1 2 2
4. 2 2 6 8 2 3 2 1
5. 2 2 6 5 7 1 3 2
6. 1 1 13 4 1 2
7. 1 1 2 11 2 2 2
8. 1 1 1 2 2 6 6
9. 1 1 3 4 3 2 1 6
10. 2 2 1 1 1 1 2 3 2 3
11. 2 2 4 4 3 2 3 2
12. 7 2 2 1 2 1 2 2 1
13. 1 1 2 2 2 3 3 1 4
14. 1 1 1 3 5 2 1 1 1 1
15. 2 1 1 2 3 16 4
16. 3 1 5 3 5 5
17. 2 1 3 3 3
18. 1 1 3 2 2 2 1 3
19. 1 2 1 1 2 2 1 3 1 8
20. 2 1 1 5 3 8 2
21. 3 1 2 7 7
22. 2 29 12
23. 1 1 1 7 4
24. 4 9 2
25. 5 17 2 1 3 1
26. 2 3 1 6 1 2 1 2
27. 1 1 1 1 18 1 1 2 1
28. 2 1 1 1 4 5 1 2 3
29. 5 2 6 2 4 1 1 5
30. 2 3 1 3 2 12 1 1
31. 3 1 1 1 1 4 2 6 3
32. 3 1 2 1 2 3 1 1 2 3 2
33. 4 1 3 2 1 1 1 2 1 1 2 2 3
34. 5 2 2 2 1 1 1 1 1 1 1 1 2
35. 4 3 2 1 4 2 1 1 1 1 3 1
36. 1 1 1 2 2 3 4 1 1 1 2 1 2 1
37. 2 1 1 4 3 4 1 3 1 1 2 2 1
38. 5 2 6 2 1 1 1 4 1
39. 4 9 7 1 2
40. 1 1 1 20 1 3 1
41. 2 1 1 4 2 1 2
42. 2 3 1 1 1 1
43. 44
44. 2 6 2 1
45. 1 5 5

성에 갇혀있는 긴 머리 공주님

B49

난이도 ●●●●●
●●

5 5 2 5 3 1 7
8 2 2 5 6 2 3
3 3 2 12 3 1 7
2 1 1 2 12 4 1 6
2 1 2 2 4 5 5
2 1 3 2 2 4 2 5
5 2 2 2 6 6
4 7 8 2
10 1 3 3
5 5 2 1 1 5
10 3 1 1 6
10 3 2 1 2 4
7 1 3 4 3 5
6 1 3 8 2 4
3 1 2 1 3 3 5
4 2 3 3 2 5 4
6 1 3 3 3 5
5 1 1 3 3 2
2 2 3 5 6 1
9 7 5 4 1
2 2 2 2 5 1 8 2
3 3 3 2 2 3 1 2 8
3 1 1 2 2 2 2 2 2 2 4
3 2 1 3 5 4 2 5
3 2 1 9 4 5 3
3 1 3 5 4 2
4 2 3 3 6
6 3 3 4 4
4 4 6 8 2
7 1 4 2 6 4 1
2 1 6 2 1 5 1
2 1 2 2 6 2
3 2 2 1 2 3 3
3 4 3 5 6 4
8 4 3 5 8
2 1 9 2 2 1 5
2 2 2 3 2 2 6
2 1 5 3 2 2 2 3 4
9 5 2 2 2 7
3 4 1 2 2 6 6
3 1 2 16 2 2
2 4 2 2 2 4 4 2 2
6 7 2 2 4 5 1 2
2 2 4 4 2 4 3 2 1 2
2 1 3 13 7 1 2

8 5 3
10 7 7 4
9 10 2 2 2
5 3 11 2 2 1
5 2 1 4 1 1 3
5 6 1 2 2 3 2 3 3
7 4 3 3 1 1 2 4
3 1 2 6 1 1 3 5
2 1 2 6 2 2 2 2 7
2 1 2 2 2 2 1 2
3 2 2 5 2 1 2
5 1 2 1 5 1 2
3 2 1 1 3 3 2 2 2
1 4 2 4 2 6
1 3 1 1 3 2 2 2
9 4 1 12
9 3 1 12
1 3 1 1 2
9 1 4 2 11
9 1 3 2 10
2 9 2 2 5 1 1 1
2 13 2 1 4 1 1
2 2 9 2 2 4 1 1
2 1 3 2 4 4 1 1
2 2 4 2 2 1 2 1 1
2 1 2 2 4 2 1 1
7 2 2 3 7
7 7 2 6
7 2 8 3 7
8 3 1 1 4 2 9
2 1 3 1 2 5 3 2 1
1 9 6 6 2 2
8 7 2 2 1 5
9 1 5 2 1 3 5
5 3 1 2 4 1 1 2 4
1 8 1 1 5 2 1 3 2 1
3 3 2 1 1 2 3 1 2 3
1 1 2 1 1 2 1 6 2 2
1 1 2 3 2 3 2 7 2 1
6 2 2 1 3 2 3 1 4
5 2 1 4 2 1 2 2 3 4
1 3 10 3 3 12
5 10 4 2 8
4 9 9 14
4 5 27

샅바 잘 잡고, 경기 시작!

B50

난이도 ●●●●●●●

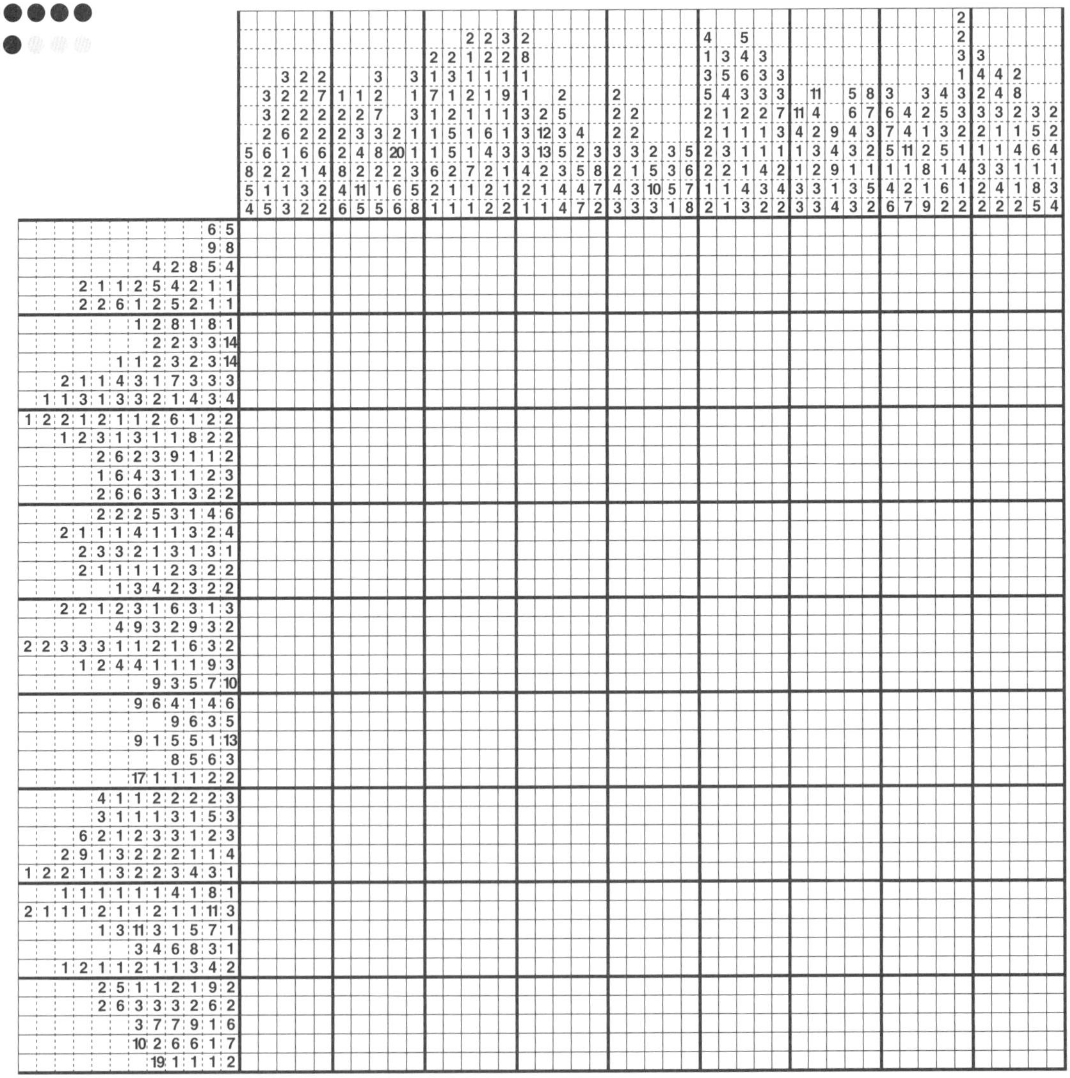

야자수와 와이키키 해변이 있는 곳

B51

난이도 ●●●●●●●

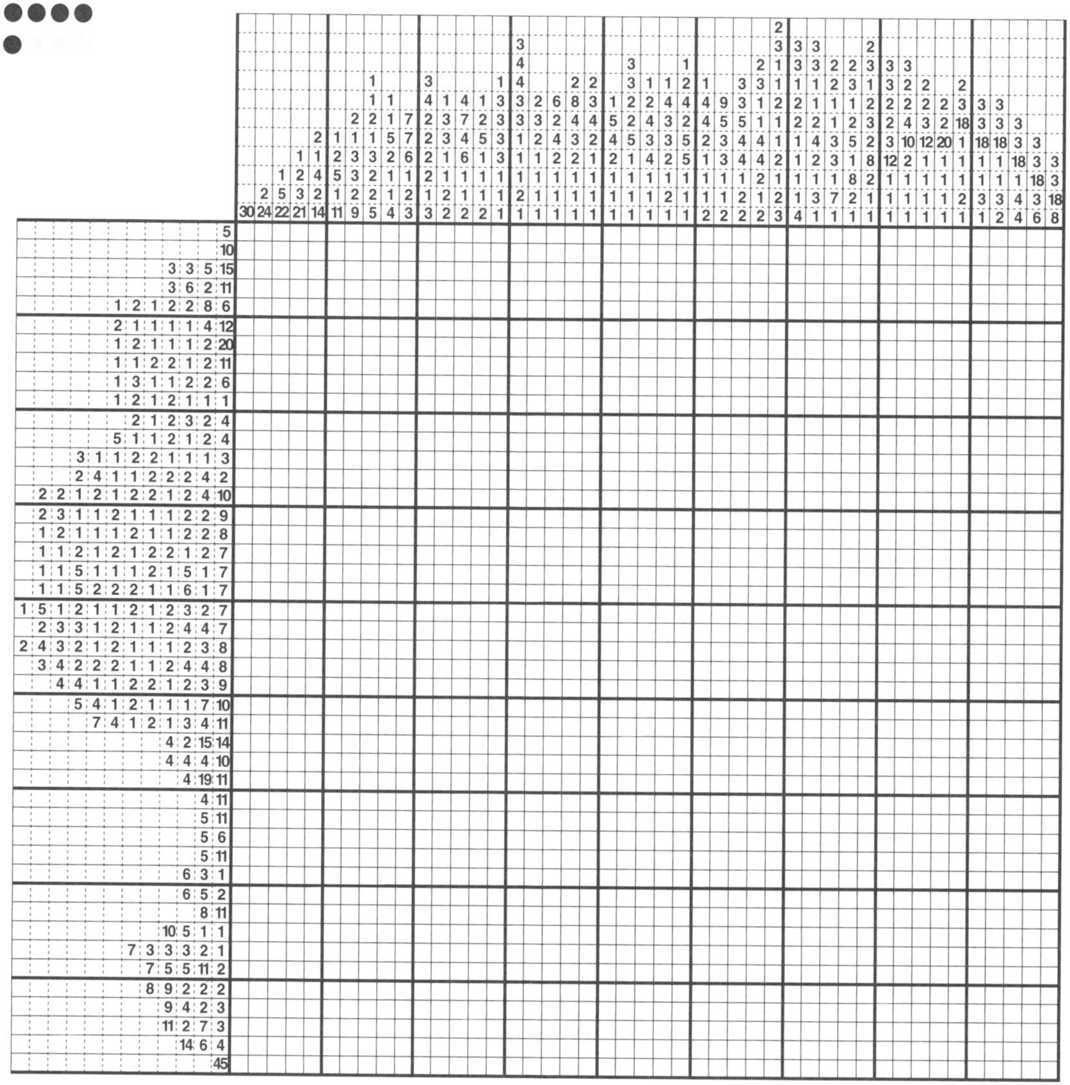

뜨거운 물을 붓고 3분만 기다리면 완성!

B52

난이도 ●●●●●●●●

Column clues (left to right, top to bottom):

Column	Clues
1	25
2	16 2
3	3 13 1
4	7 11 1
5	4 11 1
6	4 2 7 1
7	1 1 1 2
8	1 1 1 1 4 1
9	1 1 1 2 6 1
10	1 1 1 1 9 2
11	3 1 3 11 1
12	5 4 12 2
13	23 1
14	3 4 12 1
15	3 11 1
16	1 2 4 2
17	1 2 1 6 2
18	8 1 2 2 10
19	12 1 1 2 11
20	15 1 2 2 10
21	5 1 2 3 2 1 10
22	3 1 3 2 4 9
23	3 1 3 2 3 2 9
24	6 1 2 1 8 3 8
25	7 4 3 6 2 1 7
26	4 1 1 2 4 1 2 6
27	5 1 1 2 2 7 3
28	6 1 2 3 2 1
29	6 1 3 1 3 6
30	7 1 3 2 5
31	7 1 1 2 8
32	8 2 2 10
33	8 2 13
34	12 7 16
35	10 2 3 15
36	9 2 4 15
37	14 4 14
38	12 5 12
39	5 5 3 12
40	7 4 9
41	8 5 4 7
42	18 4 6
43	15 5 4 2
44	13 5 4 3
45	10 6 3 3

Row clues (top to bottom):

Row	Clues
1	11
2	16 3
3	18 6
4	4 22
5	3 2 19
6	4 2 18
7	3 2 16
8	6 3 7 6
9	2 2 7 4 6 5
10	11 3 6 4
11	3 13 5 2 3 4
12	2 8 8 3 1 1 3 4
13	2 2 2 3 2 1 2 1 1 3 4
14	2 1 3 1 2 1 2 4
15	2 2 1 2 2 3 3 4
16	1 4 1 4 3
17	2 3 2 4 2 3
18	2 3 1 2 2 2 2
19	6 2 6 4 3 1
20	6 5 2 2 2 1
21	6 4 2 3 1
22	6 4 7 12
23	6 4 6 11
24	6 5 3 11
25	5 5 4 3 6
26	5 9 3 1 2 3
27	5 7 3 4 3 4 1
28	4 8 5 1 1 8
29	4 9 2 3 1 10
30	3 6 3 4 1 1 12
31	3 6 1 2 2 2 1 13
32	2 5 1 1 3 14
33	2 4 2 1 12
34	2 3 2 11
35	1 1 3 11
36	1 2 4 10
37	1 1 6 9
38	1 1 8 8
39	1 1 10 8
40	1 2 9 6 1
41	1 3 9 6 1
42	1 3 9 4 2
43	2 4 9 4 1
44	6 9 2 2
45	7 1 1

민낯을 가려요

B53

난이도 ●●●●●●●●●

가로 (Row clues, top to bottom)

1. 11
2. 12
3. 2 2
4. 2 2
5. 1 2
6. 2 2
7. 2 1 3
8. 1 1 2
9. 2 1 1
10. 2 1 1
11. 1 1 1
12. 2 2 1
13. 2 2 2
14. 1 2 2
15. 2 2 2
16. 2 2 3
17. 1 4
18. 6 4
19. 2 5 3 3
20. 2 8 3
21. 7 12
22. 3 4 16
23. 2 4 18
24. 2 4 2 6 1
25. 8 4 8 1 1
26. 1 6 10 2 1 1
27. 3 7 1 8 2 1 1
28. 5 7 1 7 2 1 1
29. 6 8 1 7 2 3
30. 7 8 7 5
31. 7 4 9 3
32. 8 1 12
33. 7 3 7 13
34. 2 3 3 16 3
35. 4 3 3 1 2 9 3
36. 5 5 1 2 1 5 3
37. 7 4 1 2 1 3 3
38. 2 14 1 2 2 3 2
39. 45
40. 2 11 1 2 2 3 2
41. 2 3 4 5 1 3 2
42. 2 3 2 8 3
43. 1 3 2 4 3
44. 2 2 5 1 1
45. 2 2 3

세로 (Column clues, left to right, top to bottom)

1. 10
2. 10
3. 1 3 1
4. 1 5
5. 1 4
6. 1 3
7. 1 4
8. 4 2 8
9. 1 3 1 8
10. 1 3 2 6
11. 2 1 3 1 3
12. 6 3 1 3
13. 6 3 1 3
14. 1 3 3 10
15. 1 3 16
16. 3 2 12
17. 4 3 12
18. 2 1 2 2 1 1
19. 1 2 3 3 1 2
20. 1 1 3 11 1
21. 3 1 2 3 1 4
22. 2 1 2 3 13
23. 3 2 1 3 12
24. 2 1 1 3 2 1 3
25. 3 1 2 6 4
26. 2 1 1 3 1 3
27. 3 2 1 2 7
28. 2 1 5 1 4 1
29. 3 5 1 9 1
30. 2 4 2 15
31. 2 4 18 1
32. 2 4 20
33. 2 4 11 1
34. 2 2 5 11 1
35. 2 4 1 3 11 1
36. 2 3 2 3 9 1
37. 2 6 3 17
38. 2 11 10
39. 2 2 9 6 1
40. 6 2 13 1
41. 3 1 1 10 1
42. 2 1 2 3 2 1
43. 1 2 9 1
44. 2 2 2 2 1
45. 6 7 1

흰 건반과 검은 건반으로 이루어진 악기

B54

난이도 ●●●●●●●●

Column clues (left to right, top to bottom):

Column	Clues
1	27 7
2	26 6
3	2 21 6
4	2 10 9 5
5	1 8 6 3 8
6	7 6 2 2 3 2 6 1
7	2 10 4 3 1 4 2
8	2 3 6 4 1 4 1
9	2 2 2 2 1 4 1 2 1 3 2
10	1 3 2 5 1 4 1 6 1
11	1 2 1 2 1 5 2 1 3 1
12	1 3 2 1 1 1 2 1 3 2
13	1 3 1 1 1 1 2 2 3
14	1 3 2 2 1 1 2 2 1 4
15	1 2 2 1 1 2 3 7
16	1 2 1 2 2 2 2 3 3
17	2 1 4 1 2 1 3
18	1 5 3 2 2 2 1
19	2 2 5 5 2 2 1
20	3 4 2 4 9
21	1 3 5 1 2 6 5
22	1 3 6 4 1 6
23	1 1 9 9 8
24	2 2 21 4
25	6 19 3
26	10 7 6 3
27	4 3 6 1 3 3
28	3 11 1 3 3
29	2 3 5 5 2 2
30	2 2 2 3 6 1 2
31	1 3 2 1 3 2 3 2
32	1 2 1 1 2 4 3 2
33	1 3 1 1 1 1 1 6 3 2
34	1 2 1 1 1 1 1 1 1 1 2
35	1 3 2 2 1 2 1 3 1 1 2 2
36	1 2 2 3 1 2 2 1 1 2 2
37	2 2 4 3 3 1 1 3
38	2 3 4 2 2 2 2 2
39	3 11 2 1 1 1 1
40	8 6 2 2 1 1 1
41	5 1 3 5 2 4 5
42	4 4 6 1 3 8
43	4 4 7 1 4 4
44	5 1 1 19 5
45	6 22 5

Row clues (top to bottom, left to right):

Row	Clues
1	9
2	2 3
3	2 2
4	4 26
5	4 1 6 2 7 9
6	3 1 8 2 4 7
7	2 1 3 3 3 2 3 6
8	2 3 1 3 2 2 2
9	2 6 3 1 2 3 6 1 1
10	3 2 2 1 2 1 2 1 9 2 1
11	4 1 1 1 1 1 2 1 1 9
12	8 1 1 5 1 2 2 3
13	8 5 6 3 2 2 3
14	10 8 2 2 2 1 1 3
15	24 2 2 3 1
16	8 1 1 5 1 1 1 2 2
17	11 2 8 4 8
18	5 6 8 9
19	6 1 22
20	4 2 4 1 8 10
21	3 1 4 2 1 6 2 3 5
22	3 1 1 2 1 4 4 4
23	4 2 1 5 3 3
24	6 3 8 7 2
25	5 4 4 1 1 3 2
26	5 1 2 4 1 1 2 2 2
27	10 2 5 1 2 2 6
28	8 3 2 3 2 1 1 1 2
29	9 8 8 1 2 2
30	4 6 3 4 1 1 3 2
31	1 2 1 7 1 1 4 3
32	1 2 1 4 1 5 6
33	2 1 1 4 2 5
34	6 1 4 2 8
35	1 1 1 2 2 7 1 1
36	1 1 1 2 1 1 3 1
37	3 1 6 2 2 1 3 1
38	6 1 1 6 3 2 1
39	10 1 5 3 1 2
40	9 2 9 8
41	9 3 18 5
42	8 5 18 5
43	2 5 1 2 5
44	1 1 1 2 4 4
45	8

수건으로 양머리를 만들어 써도 이상하지 않은 곳

B55

난이도 ●●●●●●●●

Column clues (left to right, top to bottom)

Column	Clue
1	11 6
2	1 1 12
3	2 1 14
4	12 1 11
5	2 1 1 6
6	13 2 1
7	1 1 1 2 1
8	1 11 6 2
9	1 1 2 1 7
10	1 1 3 1 1 1
11	1 1 1 1 1 1 1
12	2 1 11 1 1 1 1
13	2 1 1 1 1 1 1 1
14	2 2 1 1 1 1 1 1 1
15	2 1 1 1 1 1 1 1
16	2 1 1 1 5 1 1 1
17	2 1 1 1 1 1 1 1
18	2 1 2 2 2 1 1 1
19	13 1 1 1 1 1
20	4 1 3 11 1 1
21	5 1 1 16 1 1
22	5 2 3 15 1 1
23	5 1 3 2 2 12 1 1
24	2 2 1 2 3 1 3 9 2 1
25	2 2 1 1 3 1 1 1 2 1
26	2 2 1 3 1 1 1 1 1
27	2 2 1 3 1 1 4 1 3
28	2 3 4 2 1 4 7 2
29	3 3 4 2 4 7 2
30	7 1 1 3 3 2 1 2
31	8 1 2 4 1 1 1 2
32	8 4 2 5 2 1 1 2
33	7 4 2 6 7 1 2
34	8 2 14 6 2
35	7 2 2 8 1 1 1 2
36	12 10 1 1 1 3
37	6 3 3 1 1 1 1
38	2 1 1 2 6 1
39	2 1 1 1 3
40	2 1 2 1 2
41	2 7 1 1
42	5 3 1 1
43	1 3 9
44	1 3 1 1
45	12 1

Row clues (top to bottom)

Row	Clue
1	9
2	14
3	4 7
4	5 7
5	18
6	24
7	7 10
8	2 4 7
9	1 1 3 4
10	2 1 8 2
11	6 3 2 6
12	1 2 2 5
13	1 3 2 2 1
14	10 2 1 1
15	4 2 2
16	4 3 2 6 3
17	14 1 6 3
18	1 1 1 1 1 2 4 2 3
19	1 1 1 1 1 3 3 6
20	1 1 1 1 1 9 8
21	1 1 1 1 1 2 6 2
22	1 1 1 1 1 3 6 1
23	1 1 1 1 1 5 7 1
24	1 1 1 1 1 7 7 1
25	1 1 1 1 1 3 17 1
26	1 1 1 1 1 3 4 2 1 1 4
27	13 1 4 5 1 7 1
28	2 1 6 4 3 1 1 1
29	9 4 1 2 6 1 1
30	5 1 1 1 3
31	5 1 1 5
32	4 5 1 1 6
33	2 2 6 3 1 5 1
34	3 2 6 1 11 1
35	4 5 1 2 1 1
36	4 1 1 2 1 1
37	4 1 1 2 1 3
38	4 1 6 1 6
39	4 2 10 1
40	4 1 1 1 1
41	4 1 6 1 1
42	4 1 5 1 1 1
43	4 5 3 4 1
44	4 2 10 2 1
45	43

세상에서 제일 반가운 손님

B56

난이도 ●●●●● ●●●

Column	Clues
1	1 3
2	2 1 4
3	1 2 1 5
4	1 2 1 5
5	1 2 5 1 4
6	1 2 6 1 4
7	1 2 14 2
8	1 2 9 2 3
9	4 2 6 2 4
10	3 2 4 1 4
11	3 9 2 1 3
12	3 10 3 5
13	3 9 2 5 2 3
14	2 2 3 2 2 9 2
15	2 1 2 1 2 6 2
16	2 2 5 1 3 4 3
17	2 7 1 1 1 5 3
18	2 6 2 1 1 2 2 3
19	2 6 4 1 1 1 4
20	8 6 3 1 7
21	5 18 2 8
22	1 3 2 12 2 7
23	1 3 2 1 12 2 7
24	1 4 2 2 8 10
25	1 5 3 9 6
26	1 6 2 3 10 7
27	1 1 4 2 1 11 8
28	1 1 5 1 1 18 3
29	2 9 17 2 4
30	2 2 8 15 2 4
31	2 4 5 2 9 1 5
32	2 4 8 7 1 5
33	2 4 8 7 6
34	2 13 4 2 5
35	2 5 3 2 6
36	2 4 2 6
37	2 3 3 4 1 1
38	2 3 8 2 1
39	2 3 1 3 2 1
40	2 3 3 5 1
41	2 3 6 3 1
42	2 7 3 1
43	2 7 1
44	2 6 1
45	7 1

Row	Clues
1	43
2	13 17
3	9 2 1
4	8 2 1
5	3 3 5 1 2
6	2 2 11 2
7	2 2 13 2
8	3 3 12 2
9	2 7 3 2
10	2 9 1 2
11	2 10 2 2
12	2 2 10 2
13	3 1 8 2
14	4 3 7 3
15	2 2 3 3 6 2
16	1 2 1 2 1 3 2
17	1 2 1 2 1 3 3
18	4 2 3 3 2
19	4 5 2 4 4
20	3 15 2 1
21	2 1 6 5 2 1
22	3 5 7 3 2
23	5 16 4
24	4 28
25	2 2 14 3 1
26	4 2 13 2 1
27	5 8 15 2 2
28	12 14 3 2
29	8 1 12 4
30	11 1 8 2
31	5 5 6 3
32	3 3 1 2 2 20
33	8 5 2 4 3
34	4 1 6 1 2 2
35	4 1 6 1 1 2 3
36	5 8 2 1 1 2
37	6 3 3 1 1 4
38	4 2 6 6
39	2 1 7 4 2
40	2 10 2
41	7 11 2
42	4 1 1 8 2
43	6 2 9
44	8 7
45	6 5

줄을 꽉 잡고 하늘로 높이 높이 올라가요

B57

난이도 ●●●●●●●●

Column clues (left to right, top to bottom):

1. 8
2. 3 6 2
3. 3 2 2 4 1
4. 3 1 4 1 1 1 1 1
5. 3 1 2 2 1 1 3 1
6. 3 1 1 3 1 1 3 1
7. 3 4 3 1 1 3 1
8. 3 4 1 2 1 1 3 1
9. 3 1 5 1 1 1 2 1
10. 3 1 2 1 3 1 1 2
11. 3 1 7 12
12. 7 2 1 3
13. 7 1 1 3
14. 3 1 5 3
15. 2 1 3
16. 1 4 3
17. 1 6 3
18. 2 1 3 6 3
19. 3 2 4 2 1 3 3
20. 5 9 4 1 1 3 3
21. 4 2 4 5 1 2 5
22. 4 1 1 4 3 2 3 4
23. 4 1 1 6 2 1
24. 6 1 1 4 2 1 1
25. 6 2 1 7 2 3 1 1
26. 5 5 4 6 1 4
27. 9 6 5 1 1 4
28. 7 4 3 1 2 2 4
29. 5 5 4 4 5
30. 7 6 2 5
31. 13 1 3 2 3
32. 15 2 1 3 3 1 1
33. 11 2 7 3 3 1 1
34. 5 2 2 1 1 3 4 1
35. 3 3 3 2 1 3 6
36. 3 3 3 7 3 2 8
37. 2 2 4 1 3 3 3
38. 3 3 3 2 3 12
39. 3 3 3 2 3 14
40. 2 3 3 2 22
41. 2 6 19
42. 2 9 12 3
43. 15 7 3
44. 11 1 2 3
45. 7 4 3

Row clues (top to bottom, left to right):

1. 11 3 3
2. 11 5 3
3. 11 8 3
4. 1 3 14
5. 1 3 2 3 8
6. 2 3 4 5 3 3
7. 11 11 3 4
8. 2 10 6 3
9. 4 10 14
10. 2 3 2 1 6 3 10
11. 1 1 1 2 3 3 7
12. 1 1 1 3 3 3
13. 2 2 1 4 3 5
14. 1 2 8 8 4 1
15. 1 6 3 1 12 2 1
16. 1 2 6 6 3 6 1
17. 2 1 1 2 5 3 1
18. 1 1 1 2 11 2
19. 2 1 1 2 2 2 2 3
20. 4 1 1 3 3 1 1 4
21. 6 2 3 1 1 5
22. 1 3 2 1 1 2 3
23. 2 5 1 1 3 3
24. 1 3 7 4
25. 1 3 1 3
26. 1 5 5 3
27. 1 3 3 13
28. 2 3 2 14
29. 1 2 4 8
30. 13 3
31. 4 13 2
32. 2 2 1 2 3
33. 1 1 4 4 4 3
34. 1 2 1 1 1 1 10
35. 1 1 1 1 1 1 9
36. 1 6 1 1 2 1 2 2 5
37. 2 2 4 3 1 4
38. 9 1 1 3 2 3
39. 3 7 2 3 1 3
40. 1 6 1 1 4 1 3
41. 1 1 2 1 2 1 3
42. 1 1 2 7 5
43. 1 15 4 5 4
44. 2 13 7 5 4
45. 22 1 1 1 3 4

벽에 새로운 색을 입혀요

B58

난이도 ●●●●●●●●

Column clues (top to bottom):

Column	Clues
1	2 1 1 2 1 1 3 2
2	2 4 2 3 1 1 5 2 2
3	3 4 2 2 3 1 3 1 3
4	1 1 2 2 1 2 4 1 1 3 1 2
5	1 2 5 5 1 3 6 2 2
6	1 1 7 1 14 5
7	2 4 9 6 5 3 2
8	2 5 9 2 6 2 3
9	2 8 2 3 7 3
10	4 4 8 2 3 1
11	2 2 2 6 2 2 2
12	2 11 2 1 2
13	3 10 2 1 2
14	3 6 2 1 3 2
15	3 8 3 3
16	4 6 5 3 4
17	9 2 2 2 4
18	3 6 2 2 3
19	2 1 2 2 10
20	1 1 1 1 1 2 3
21	1 2 6 2 1 5
22	2 1 4 2 3 3 3 1
23	8 6 1 2 5
24	2 6 1 2 3 4
25	1 6 1 1 8
26	2 2 3 1 2 7
27	2 7 1 1 1 9
28	3 7 1 2 2 7 2
29	4 7 1 1 1 10
30	3 3 4 2 1 7 4
31	2 8 2 1 1 12
32	2 3 6 1 1 15
33	1 2 7 8 10 1
34	3 2 4 2 9 4 4
35	6 3 10 8
36	6 2 7 4 6
37	9 4 10 1 2
38	3 4 8 2 8
39	7 5 2 6 3 2
40	7 3 8 2 1 5
41	1 5 5 1 2 7 5
42	5 1 2 1 1 5 1 1 1 2 3
43	4 1 10 10 2 2
44	1 2 1 2 3 1 4 2 2 2 5
45	3 3 2 2 1 2 2 1 2 2 2

Row clues (left to right):

Row	Clues
1	4
2	3 1
3	1 2
4	5 2 2
5	6 3 2 1 1
6	2 2 3 1 2 2
7	3 2 2 2 2 2 1
8	2 2 2 1 1 2 1
9	1 1 3 2 1 2 2
10	1 1 2 5 2 6 5
11	2 5 9 5 13 2 1
12	8 8 3 3 3 11
13	2 2 2 6 2 12 7
14	9 1 1 1 6 11
15	1 10 1 1 2 15 3
16	1 2 6 2 16 6 1
17	10 4 3 8 5 3
18	1 1 3 5 1 5 4 3
19	2 12 3 6 4 1
20	2 2 4 5 3 4 1 3 3
21	2 4 7 2 2 8
22	2 8 3 2 5 7 1 3
23	1 3 11 2 16 1
24	1 2 3 7 3 2 8 2
25	12 1 3 5 1 4
26	1 3 3 2 3 9 3
27	2 6 2 1 1 1 3 1 9 2
28	2 3 2 2 1 2 9 5
29	2 3 2 1 1 2 8 1 2 4
30	6 1 2 2 1 1 7 7 1 1
31	3 6 1 1 2 13 4
32	7 2 1 10 2 3 3
33	2 8 1 2 1 3 19 1
34	29 5 3 1 1
35	4 19 4 6
36	1 8 5 8 2 1 2
37	2 2 20 2 1
38	2 2 8 3 5 2
39	1 2 8 2 2
40	2 2 9 1
41	2 1 4 2
42	3 2 4
43	1 4 3
44	7 2
45	4 1

토슈즈를 신고 우아하게 춤춰요

B59

난이도 ●●●●●●●●

세로 1	5 11 1 3
세로 2	1 3 12 2
세로 3	5 2 2 7 2 2
세로 4	1 2 2 4 4 6 1 2
세로 5	1 1 2 1 5 2 5 1 2
세로 6	1 1 2 1 1 2 2 4 1 2
세로 7	1 1 2 1 4 2 3 1 2
세로 8	1 2 2 1 4 2 2 2 2
세로 9	5 2 3 3 2 6 2
세로 10	1 2 3 1 4 2 4 1 3
세로 11	3 4 5 2 8 3
세로 12	2 5 3 6 5
세로 13	2 2 1 2 5 5 3
세로 14	2 2 1 2 2 2 5 2
세로 15	2 1 1 4 2 5
세로 16	2 2 3 2 2 6
세로 17	2 1 6 2 6 3
세로 18	6 2 1 1 2 1 2 1
세로 19	11 2 8 10 1 1
세로 20	5 2 16 2 10 1
세로 21	4 2 2 14 4 1 1
세로 22	4 1 1 2 2 9 1 1 1
세로 23	5 4 3 2 7 5 1 1
세로 24	5 3 1 2 1 7 1 1 1
세로 25	5 2 2 1 4 7 5 1 1
세로 26	6 2 1 1 3 9 1 1 1
세로 27	6 1 2 2 2 7 4 2 1
세로 28	6 2 2 1 7 4 5 1
세로 29	8 3 2 2 8 2 7 1
세로 30	7 5 2 8 3 2 3
세로 31	5 5 2 17 2 2
세로 32	6 4 21 1 1
세로 33	2 7 12 1
세로 34	2 3 9 2
세로 35	4 1 6 5 1
세로 36	1 3 2 4 1 2 2
세로 37	5 2 1 1 1 2
세로 38	1 2 2 2 1 2 2
세로 39	1 1 2 2 1 1 3
세로 40	1 1 2 3 1 5 1
세로 41	1 1 2 9 2 1
세로 42	1 2 2 4 3
세로 43	5 2 5
세로 44	1 2 3 10
세로 45	3 4 10

가로 1	8
가로 2	11
가로 3	13
가로 4	13
가로 5	7 3 10 7
가로 6	1 3 3 7 1 3
가로 7	1 1 1 2 4 1 1 1
가로 8	1 3 5 3 2 1 1 3
가로 9	4 3 4 2 1 1 3 3
가로 10	1 5 1 2 1 2 1 5 1
가로 11	2 2 1 2 3 2 2
가로 12	19 5 17
가로 13	20 3 18
가로 14	2 2 3
가로 15	9 2 2
가로 16	5 2 2 4
가로 17	3 1 2 2 3 3
가로 18	3 2 2 4 4 2
가로 19	4 3 3 2 4 2
가로 20	2 4 4 3 2 2 1 1
가로 21	1 5 2 3 3 3 3 1 1
가로 22	1 5 3 3 2 1 1
가로 23	2 4 2 6 2 1 1
가로 24	5 2 1 3 2 1 1
가로 25	1 2 2 1 14 1 1
가로 26	3 3 15 1 1
가로 27	3 2 15 1 1
가로 28	2 2 15 4 1
가로 29	1 2 2 1 15 3
가로 30	2 2 2 18 1 2
가로 31	3 2 3 2 16 1 2
가로 32	4 2 7 1 1 1 6 3 1 2
가로 33	5 4 3 2 1 1 1 6 3 1 2
가로 34	6 2 2 2 2 1 1 2 5 3 2
가로 35	7 8 3 1 1 3 5 2 3
가로 36	17 3 1 1 2 6 1 3
가로 37	17 3 1 1 1 7 2 4
가로 38	2 9 12 1 4
가로 39	2 1 10 2 2 8
가로 40	1 1 1 1 4 2
가로 41	3 5 3 3 2
가로 42	6 1 2 2 3 3
가로 43	1 5 1 6 6
가로 44	14 2 2
가로 45	13 12

커피에 대해 무엇이든 물어보세요

B60

난이도 ●●●●●●●●●

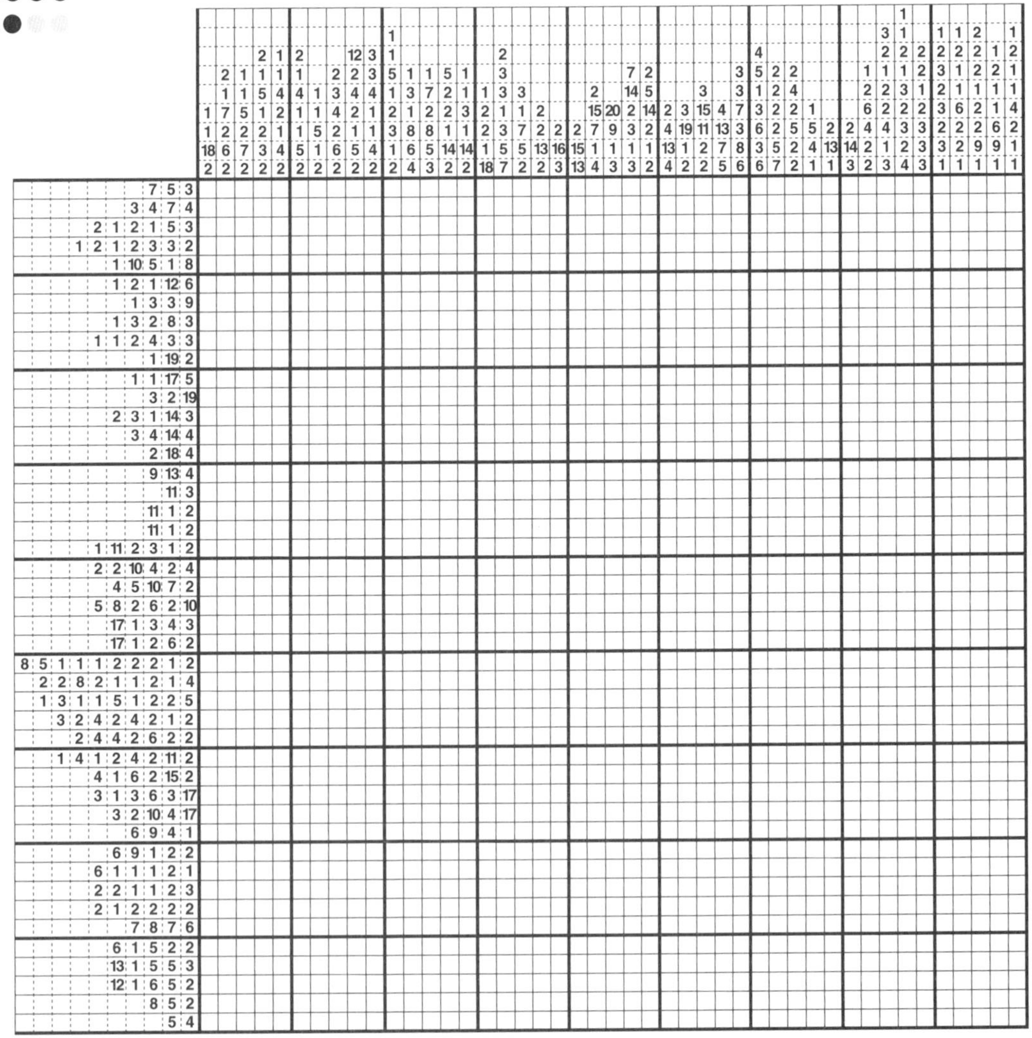

홀인원을 노려볼까요?

B61

난이도 ●●●●●●●●

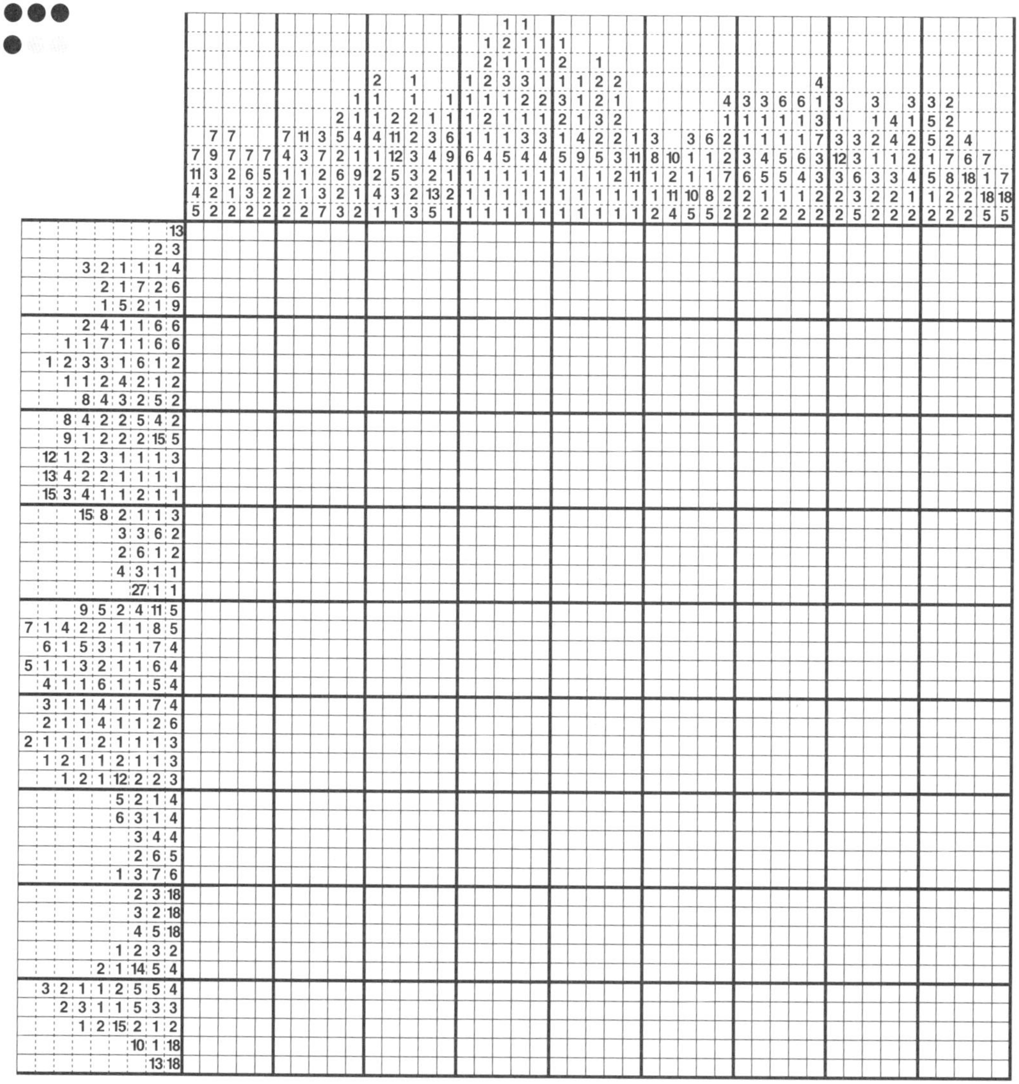

맛있는 빵을 구워줄게요

B62

난이도 ●●●●●●●●

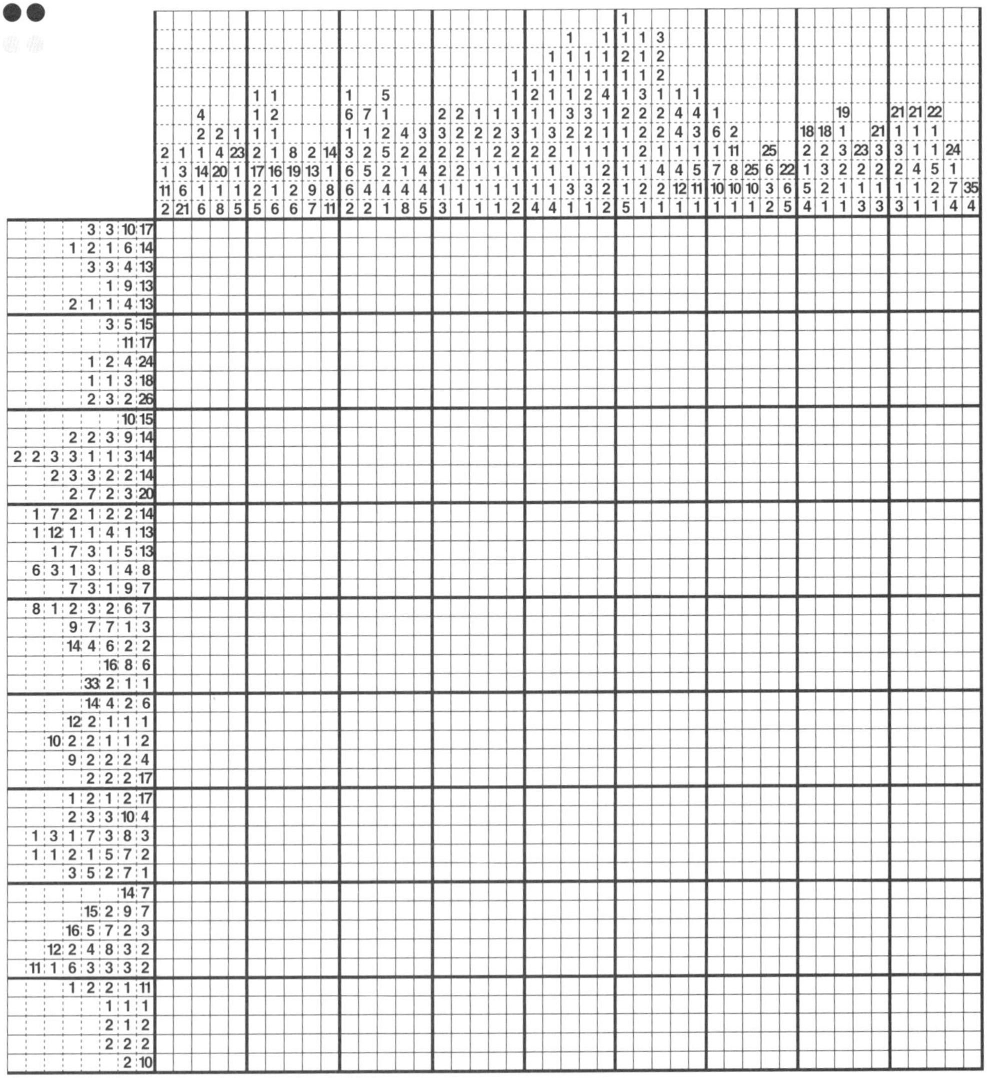

버섯 모양 집에 사는 파란 친구들

B63

난이도 ●●●●●●●●●●

열	세로 힌트
1	7
2	12 6
3	16 4
4	31
5	31
6	10 16
7	9 15
8	10 2 13
9	10 2 10
10	10 2 9
11	10 3 7
12	11 7 6
13	12 2 7 5
14	12 2 8 5
15	12 2 4 3 6
16	8 2 2 1 2 6
17	9 1 4 2 2 5
18	11 6 1 1 7
19	9 4 4 1 7
20	8 3 5 2 2 7
21	6 3 5 2 1 1 7
22	4 4 3 3 1 7
23	8 3 2 2 1 7
24	3 8 3 2 3 7
25	3 4 1 7
26	3 3 1 7
27	7 4 3 1 1 7
28	17 5 1 1 7
29	4 2 8 3 4 1 7
30	4 1 5 2 7
31	3 4 7 1 1 2
32	5 3 4 1 2 1 2
33	6 2 2 5 2 2 1 1
34	6 2 1 2 4 2 2 2
35	6 1 1 3 3 2 2
36	7 1 2 3 2 2 2
37	8 2 2 1 3 1 2
38	11 2 2 2 3 2 2
39	9 8 2 2 2 3
40	7 8 2 3 2
41	18 3 2
42	16 2 2
43	12 3 12
44	7 9 9
45	9 9

행	가로 힌트
1	8 8
2	11 11
3	13 13
4	15 15
5	16 3 11
6	17 2 10
7	14 2 2 7
8	13 2 2 7
9	10 3 1 4 4 2 3
10	11 1 2 3 1 2 1 3
11	12 1 3 2 1 1 4
12	7 4 1 1 1 2 2 5
13	6 2 1 1 3 4 6
14	5 4 1 2 2 8
15	4 1 1 1 3 2 6
16	5 2 2 1 1 5 3 6
17	7 4 1 2 7 7
18	5 2 2 3 1 6 7
19	4 3 1 2 7 2 5
20	4 3 1 1 3 1 1 2 2 2
21	4 3 2 2 2 1 2 2 2 1
22	4 3 1 1 2 1 3 2 1
23	4 3 1 1 2 7 1
24	4 6 1 1 1 3 1 1
25	5 4 2 2 1 2 2
26	6 3 1 1 2 1 1
27	6 2 1 2 1 2 2
28	7 1 1 2 1 1 2
29	7 1 4 2 2 3
30	6 1 3 3 2 2 1
31	7 3 2 2 2 1 2 1 1
32	8 1 5 3 2 4 2 1
33	7 1 9 1 2
34	8 2 1 2 1
35	9 6 2 2 1
36	12 5 3 1
37	13 7 3 3
38	13 6 3
39	30 3
40	30 3
41	4 15 3
42	3 17 7
43	2 29
44	2 12 6 3
45	1 12 2

슬픔을 달래 줄게요

B64

난이도 ●●●●● ●●●●●

1	13 3 2 5 5
2	2 8 3 2 3 2 5
3	1 7 2 2 3 2 5
4	4 6 3 2 2 2 5
5	6 6 3 2 1 2 1 5
6	7 5 2 2 7 5
7	7 5 3 6 11
8	3 3 4 2 6 11
9	2 2 14 2 1 2 5
10	1 2 5 2 2 2 2 1 5
11	1 2 3 2 1 2 1 2 5
12	2 2 5 1 7 8
13	4 7 2 8 7
14	3 1 2 3 2 4 1 5
15	2 1 2 2 3 1 5
16	1 1 2 7 2 5
17	2 16 2 5
18	1 1 5 7 2 5
19	1 2 2 7 11
20	4 4 2 3 7 8 4
21	6 1 4 2 11 2 3
22	11 2 8 1 2
23	4 2 3 3 2 7 4 2
24	6 2 4 2 7 2 1 1
25	4 1 4 2 4 7 3 1
26	3 1 1 4 1 3 6 4 1
27	2 1 1 5 4 6 2 2 5 1
28	2 2 1 2 7 1 3 2 5
29	3 3 2 7 2 2 2 1 5
30	8 2 2 2 1 2 2 5
31	3 2 2 1 1 5
32	4 1 2 2 10
33	2 2 2 3 11
34	3 2 2 2 4 2 5
35	2 3 2 3 2 5 5
36	1 3 3 2 5
37	2 2 3 2 5
38	1 5 3 19
39	4 2 3 19
40	2 2 2 5
41	2 3 2 5
42	2 2 2 5
43	2 2 2 5
44	2 3 19
45	2 3 19

1	3 7 8
2	2 6 10
3	1 5 7 2
4	1 4 6 1
5	1 4 3 1 1 2
6	2 4 3 1 2
7	3 5 3 3
8	5 5 2 2 1 3
9	7 4 6 2 2 3
10	10 5 1 1 3 1 1
11	15 1 2 2 2 1
12	13 2 1 2 1 2
13	11 1 2 4 2 1
14	2 2 1 4 6 1
15	1 5 2 1 3 9
16	1 2 4 4 1 2 10
17	7 3 7 1 1
18	15 7 2
19	7 1 9 7 2 2
20	5 1 2 6 2 2 2 5
21	2 1 2 1 6 1 3 7
22	1 1 1 6 5
23	2 2 2 4 5
24	4 6 1 10
25	12 6
26	14
27	27 17
28	25 14
29	2 2 9 2 2 2
30	5 2 2 6 2 2 2
31	2 3 2 1 7 1 2 2
32	1 5 4 2 6 1 2 2
33	2 2 5 2 2 3 1 2 2
34	1 2 2 2 4 2 2 2
35	2 3 1 2 3 2 2 2
36	1 6 3 2 2 2 2
37	1 2 5 4 2 4 2 2
38	3 2 2 2 6 3 2 2 2
39	2 2 5 3 1 2 2 2 2
40	2 2 2 1 3 2 2 2
41	19 23
42	20 21
43	21 20
44	23 18
45	45

42.195km를 완주해요

nemonemo logic 고급편

PART C

SIZE : 50×50 55×55 60×60

C65

난이도 ●●●●●●

Column clues (top to bottom)

Column	Clues
1	4 14 5 14
2	3 1 3 10 3 14
3	2 2 13 2 14
4	1 2 1 6 3 1 15
5	2 2 3 1 1 2 1 8
6	4 1 3 1 3 5 4
7	2 5 1 1 10 3
8	3 5 2 8 2 2 2
9	2 2 1 3 10 2 5 1
10	4 1 2 13 9
11	1 1 1 12 1 1 6
12	1 1 1 13 11
13	5 1 1 7 3 1 3 2
14	12 8 8 5 4
15	23 2 7 2 2 1
16	23 2 8 3 1 3
17	4 2 11 1 2 4 4 1 1
18	2 1 7 1 11 3
19	3 2 6 1 3 1
20	3 2 1 5 1 5 2 2
21	2 1 2 4 1 2 2 3 2
22	1 1 4 2 1 2 2 5 4
23	3 2 2 2 1 3 3 1 4
24	3 1 1 2 1 3 2 3
25	3 2 3 1 7 1 5
26	4 2 4 1 8 2 3
27	5 1 5 6 4 1 5
28	9 6 5 6 2 4
29	20 2 2 2 2 6 1 2 3
30	24 2 2 10 5
31	16 4 3 1 11 1 2
32	19 3 1 1 10 7
33	14 4 1 1 11 6
34	8 3 1 1 4 5 1 4
35	2 9 1 1 3 5 1 1 3
36	2 1 1 6 1 1 2 5 2 5
37	1 3 1 3 1 1 1 7 2 4
38	2 2 2 1 3 1 1 2 6 1 5
39	2 3 2 1 3 11 1 1 3
40	3 2 1 1 3 3 10 7
41	1 1 1 3 8 9 5
42	2 2 3 10 13 1
43	3 1 1 2 3 3 14 3
44	5 3 1 2 4
45	3 1 1 2 1 1 10
46	3 4 2 1 1 1 11
47	1 1 6 1 2 2 2 1 9
48	1 1 4 1 2 1 1 1 7
49	2 1 2 1 2 1 1 2 7
50	2 2 1 2 2 1 1 1 6

Row clues (left to right)

Row	Clues
1	11
2	4 8
3	4 10
4	2 7
5	2 6
6	3 5
7	2 6
8	3 6
9	2 1 7 4 6
10	5 4 2 2 3 5 2 2
11	2 1 1 3 1 5 1 3 1
12	1 1 2 4 1 5 2 2 2
13	3 3 1 4 2 6 1 2 1
14	1 2 2 1 4 7 2 2
15	2 1 5 5 8 2 1 1 2
16	3 4 8 3 9 3 1 3
17	4 3 5 25
18	3 16 11 1 1 2
19	1 6 14 2 5 2 1 2
20	9 7 4 8 2 2 3 2
21	4 7 3 3 4 2 1
22	9 9 5 3 9
23	4 3 8 1 3 6 4
24	5 3 4 1 7 4 4
25	3 5 6 7 2
26	4 1 6 1 2 4 2
27	7 5 2 6 2 1
28	6 7 2 2 5 2
29	2 6 2 3 1 12 2
30	5 1 5 2 1 2 6 1
31	1 5 1 1 9 5 2 3
32	2 5 1 1 3 4 3 1 3
33	3 5 1 1 1 1 3 4 2 2 1 2
34	5 5 1 1 1 1 1 3 5 3 1 2 1
35	1 5 3 1 1 2 2 6 7 1 1
36	1 6 5 1 1 2 6 8
37	4 6 7 2 9 9 2 1
38	4 5 22 9 3 1
39	4 3 2 31 1
40	4 2 2 2 2 1 20 2 1
41	4 2 1 2 2 2 1 6 1 5 2 2
42	4 3 1 3 3 6 1 3 3 1
43	5 2 1 1 5 1 2 3 2 2 3 1
44	5 1 2 9 2 1 2 2 4 5
45	5 8 2 2 1 2 3 7 6
46	5 6 2 1 2 1 2 2 2 1 4 6
47	6 4 2 1 3 1 2 5 7 7
48	7 4 1 1 1 9 10 8
49	8 5 1 1 21 8
50	18 18 9

눈썹 없는 여인으로 유명하지요

C66

난이도 ●●●●●●

Column clues (left to right, top to bottom):

Column	Clues
1	5 4 9 14 4 3
2	2 1 11 8 2 3
3	2 1 9 6 3 3
4	1 1 1 5 8 1 1
5	1 1 1 5 6 1 1
6	1 1 1 4 3 6 1 1
7	3 1 3 5 6 1 5 1
8	3 5 8 3 6 6 1
9	3 4 6 2 3 6 5 1
10	3 4 2 4 7 4
11	5 1 1 2 6 3
12	4 1 2 3 2 4
13	4 1 2 4 2 1 1 3
14	4 1 2 2 2 2 1 2 1 3
15	3 4 2 1 2 1 5 5 2
16	3 1 2 2 1 1 6 5 2 2
17	2 4 2 2 1 2 1 3 2 2
18	2 3 5 3 1 1 1 2
19	2 8 1 2 2 2
20	1 13 1 1 4 2
21	1 11 2 2 5 5 2
22	1 23 6 1
23	1 18 8 1
24	1 20 1
25	1 16 1
26	1 16 1
27	1 23 1
28	1 33 1
29	1 24 8 1
30	1 15 1 5 6 1
31	2 9 1 1 1 4 5 2
32	2 2 2 1 1 1 2
33	2 2 3 1 1 4 2 2
34	3 7 4 4 7 2 3
35	3 4 1 2 2 2 12 3
36	3 2 2 2 1 1 2 6 2
37	4 11 2 3 1 3
38	4 2 1 3 1 3
39	1 3 5 2 1 4
40	9 3 2 2 5
41	7 4 8 2 3 2
42	13 6 4 3 2
43	2 4 8 4 2
44	2 6 1 1 6 2
45	1 2 4 3 5 1 1
46	1 1 2 5 5 1
47	1 1 2 7 4 2 1
48	1 1 1 3 6 10 2 1
49	1 2 1 2 8 7 5 2 2
50	4 1 3 32 3 2

Row clues (top to bottom, left to right):

Row	Clues
1	11 38
2	3 13 8 5 1
3	1 12 9 5
4	1 4 6 2
5	7 3 9
6	2 3 2 11
7	12 1 3 5
8	3 6 5 1 1 1 9
9	9 3 2 1 1 2 1 7
10	6 1 2 2 2 1 1 1 5 1
11	4 2 3 2 2 1 1 1 1 3
12	4 1 2 2 4 3 1 1 1 1 3 1
13	4 1 1 3 5 4 1 3 2 4
14	3 1 1 3 5 4 1 2 1 4
15	3 3 2 5 4 1 2 1 3
16	2 2 3 5 4 5 2 3
17	2 2 3 4 6 1 3
18	1 1 2 5 5 2 2 2
19	1 1 2 2 4 4 2 1 2
20	1 1 2 1 4 5 1 2
21	1 2 4 3 2 1 1
22	2 2 4 3 2 2 1
23	2 2 3 2 10 2 1
24	2 3 3 4 2 1 1
25	2 5 8 2 1
26	2 3 3 4 2 1 1
27	1 3 4 3 3 1 1
28	1 2 1 6 9 1 1
29	1 1 4 3 3 1 1 1
30	1 2 1 12 1 2 1
31	1 1 1 12 2 1 2
32	1 1 2 12 1 1 2
33	2 1 1 12 3 1 2
34	2 1 1 10 3 1 3
35	2 3 3 8 3 3 3
36	3 1 2 3 5 3 1 1 3
37	3 5 2 5 4 4 4
38	4 4 2 7 4 1 2 1
39	4 4 2 9 6 1 5
40	5 4 2 11 5 1 6
41	1 4 3 2 11 6 1 3 3
42	4 2 2 11 4 2 7
43	1 6 3 3 11 4 8
44	9 6 11 5
45	10 7 5 4
46	1 7 7 3
47	7 4 1
48	6 10 13
49	3 10 14 2
50	9 18 3

달에서 떡방아를 찧고 있어요

C67

난이도 ●●●●●●

Column clues (left to right, top to bottom)

Column	Clues
1	1 1 1 1 4 2 1
2	2 7 5 1
3	1 1 2 1 6 1
4	5 8 5 1
5	1 1 2 3 2 10
6	1 10 12
7	3 2 3 6 13
8	1 8 8 8 6
9	2 1 3 4 7 6
10	5 3 1 7 5
11	4 3 1 1 5 1 4
12	2 1 4 1 1 7 3
13	3 2 11 4 3 5
14	7 3 4 3 2 11
15	10 2 2 1 1 1 1 2 7
16	7 2 1 3 1 1 4 8
17	9 6 2 1 1 3 1 8
18	6 2 2 2 1 2 4 2 1 6 1
19	5 2 1 3 5 5 2 1 4 2
20	5 2 1 1 3 8 1 1 3 5
21	3 1 2 1 22 3 5
22	5 3 4 2 7 2 4 4
23	5 5 3 2 14 4
24	4 2 3 3 1 1 8 7
25	6 3 4 12 6 8
26	10 1 4 3 9 8
27	8 14 3 6 8
28	3 8 3 2 4 9
29	5 8 2 4 9
30	1 3 2 4 8
31	4 3 6 7
32	4 3 4 8 1 2
33	9 2 1
34	4 3 1 1 1
35	2 2 3 2 1 1
36	1 1 6 1 1
37	1 1 3 1 1 1
38	2 2 3 5 1 1
39	4 7 2 2 1
40	4 1 4 4 1
41	1 4 10 4 1
42	3 4 1 4 2 1
43	2 14 3 1
44	3 2 3 3 8 1
45	6 10 1
46	1 7 6 2 1
47	1 1 3 1 38
48	9 38
49	1 2 1 8 1
50	1 7 3 1

Row clues (top to bottom, left to right)

Row	Clues
1	2 2 8 2 1 1
2	1 2 4 12 1 2 1 1
3	1 2 2 2 14 5 1
4	2 6 7 6 1 4 1
5	2 3 1 1 8 2 4 3 2
6	1 1 1 3 6 4 7
7	1 6 5 3 6 4 1
8	2 5 4 2 2 2 5
9	4 1 1 2 1 1 2 4 1 1 1
10	1 5 1 2 2 2 4
11	6 3 4 2 1 4 3
12	1 4 2 2 1 1 8 2
13	4 1 2 2 2 12
14	5 10 4 11
15	1 3 2 1 4 1 6
16	4 2 2 2 5 9
17	2 5 2 2 1 5 1 7
18	2 2 2 3 2 3 1 6 2
19	1 4 1 5 1 3 2 3 4
20	2 2 1 3 5 4 2 9
21	1 1 1 1 1 1 3 1 7 2
22	2 1 1 3 2 4 2 2
23	1 1 1 4 1 6 2 2
24	1 1 5 1 1 1 1 1 5 1 2 2
25	1 2 1 1 1 1 1 5 1 1 2 2
26	1 2 1 1 1 1 1 5 2 1 1 2
27	1 2 1 1 1 1 1 4 4 2 2
28	1 2 2 5 1 5 2 1 1 2
29	2 1 4 4 3 3 3 1 3 2
30	1 1 4 2 3 2 5 2
31	1 4 5 5 2 3 2
32	1 2 8 2 3 2 2
33	1 4 8 3 5 2 2
34	2 13 2 1 7 2
35	1 6 2 3 1 2
36	2 3 8 1 2
37	5 2 3 9 1 2
38	7 1 4 8 1 2
39	10 9 1 2
40	11 3 9 1 2
41	9 2 6 1 1 2
42	4 9 4 2 1 2
43	4 1 3 6 7 1 2
44	4 10 10 2
45	5 1 6 10 2
46	6 6 12 2
47	11 6 31
48	13 3 8 2
49	11 3 9 2
50	7 4 8 2

멋진 노래를 들려주세요!

C68

난이도 ●●●●●●

세로 (열)	단서
1	6 3 1 1 1 1 1 13
2	5 5 3 2 1 15
3	1 5 4 1 4 1 11 3
4	6 6 1 1 1 15 1
5	5 3 2 1 22 1 1
6	1 3 7 30 2
7	2 7 35
8	1 2 2 35
9	2 7 30 2
10	2 1 1 3 5 5 10 1
11	2 7 3 5 5 10 2 2
12	1 2 2 29 2 1
13	2 7 30 3 1
14	1 2 7 34 1
15	1 3 3 2 29 1
16	1 3 8 1 1 14 4
17	1 5 7 1 1 1 4 2
18	1 4 5 1 2 2 1 2
19	1 4 9 1 1 2 5 1
20	1 1 2 7 5 1 9 1
21	4 7 1 2 1 1 11
22	1 3 12 1 1 1 1 3 3
23	4 9 1 1 1 1 1 1
24	1 3 13 2 1 3 2
25	5 9 1 1 1 2 2 1 1
26	4 9 3 8 2 1
27	1 3 7 3 1 2 3 2 3 1
28	4 15 1 6 1
29	4 9 2 1 2 3 1
30	3 8 1 3 1 2 4 2
31	4 14 1 1 4 1
32	3 13 1 2 2 5 1
33	3 8 1 1 2 7 1
34	3 8 1 2 2 8 2
35	3 9 1 3 14 1
36	3 12 5 3 3 1
37	2 10 3 3 3 2
38	2 12 3 1
39	2 14 3 1 1
40	2 9 3 1 4 2 2
41	2 9 2 2 1 5
42	2 14 3 1 3
43	2 11 1 2 2
44	1 8 4 2 3
45	1 11 1 3 4
46	1 4 7 3 5
47	1 12 1 3 5
48	11 1 5 5
49	12 3 5
50	11 1 1 3 5

가로 (행)	단서
1	1 1 1 1 1 1 2 2 1 1 17
2	1 1 3 1 1 2 2 16
3	4 4 3 1 1 3 14
4	7 2 3 11
5	6 15
6	5 7 8
7	8 8
8	3 1 1 2
9	2 1 1 2
10	2 1 1 2
11	6 7
12	18
13	6 9
14	4 7 10
15	4 9 13
16	1 28
17	1 1 5 6 15
18	1 4 3 1 19
19	4 9 1 20
20	2 11 2 19
21	1 2 11 1 24
22	2 11 1 2 5 18
23	2 13 1 3 1 23
24	1 5 4 1 3 2 3 20
25	2 5 4 1 1 2 3 3 17
26	11 1 2 3 1 3 16
27	12 1 1 5 1 10 4
28	12 1 1 7 16
29	13 1 1 3 1 1 2 10
30	13 1 2 4 2 6
31	6 5 1 1 1 12
32	6 5 1 1 4 7
33	13 5 1 3 5
34	15 3 4 1 1 4 2
35	15 6 2 3 2
36	19 3 3 1 1
37	17 2 3 3 5 1
38	16 2 2 2 1 3 9 1
39	16 2 2 1 3 4 5
40	16 3 3 2 3 4 4
41	15 8 14 3
42	15 4 2 9 2 1
43	9 3 3 2 7 2
44	3 3 2 3 1 1 5 3 3
45	2 2 1 4 3 1 2 4 3 4
46	2 2 6 2 5 4 2 6
47	2 4 6 3 3 3 3 5
48	3 4 5 2 3 6 5
49	2 3 3 3 5 4
50	4 5 5 3 2

바닷길을 환하게 비춰요

C69

난이도 ●●●●●
●

Column clues (left to right, top to bottom):

1. 9 21
2. 3 5 10 7
3. 2 6 7 1 1
4. 2 6 10 1 1 4
5. 2 5 4 1 1 1 1
6. 2 1 2 5 9 1
7. 3 3 6 7 10 1
8. 2 4 6 2 1 3 1 1
9. 2 4 1 7 8 1 1 1 2
10. 1 4 10 6 1 10 1
11. 1 4 1 7 7 10 1
12. 1 4 6 1 1 1 1
13. 2 3 6 1 1 1 1
14. 1 3 1 5 7 1 1 1 1
15. 5 3 4 8 12 1
16. 3 5 3 1 1 12 1
17. 3 7 10 1 1 3 1
18. 3 21 1 1 4 1
19. 2 34 1
20. 2 10 12 1 2 1 1
21. 2 11 1 1 1 2 1 1
22. 1 7 1 1 6 1 1 3 1 1
23. 1 5 1 1 6 1 1 2 1 1 1
24. 1 3 2 1 2 2 1 1 1
25. 1 2 1 13 1 1 1 1
26. 1 1 1 1 1 1 1 1
27. 1 2 1 1 1 1 1 1
28. 3 1 1 1 1 1 1 1
29. 1 1 1 1 7 1 1 1 2
30. 3 3 1 1 1 2 1 1 1
31. 1 1 1 1 6 1 1 1 1 1
32. 3 3 1 1 6 1 1 1 1 4
33. 1 1 1 1 1 7 1 8
34. 7 1 1 2 3 3
35. 3 1 1 1 1 2 2
36. 4 5 2 1 1 1 1
37. 5 2 4 1 13 2 2
38. 6 7 1 2 1 1 2 1 3
39. 5 1 3 1 1 8 1 3 4
40. 6 5 1 2 1 1 8 1 2 2
41. 6 1 4 1 5 1 7 1 2 5
42. 7 1 4 1 1 4 1 1 2 5
43. 6 5 1 2 22 2
44. 6 1 1 14 3 6
45. 6 5 1 1 1 2 3 6
46. 6 2 3 2 1 1 1 2 2
47. 5 5 2 1 7 2 5
48. 4 1 7 2 2 2 5
49. 8 1 2 3 1 3 2
50. 7 2 3 2 3 4

Row clues (top to bottom, left to right):

1. 1
2. 5
3. 9
4. 11
5. 13
6. 4 14
7. 9 14
8. 2 9 3 5 5
9. 1 2 1 3 1 1 1 1
10. 6 5 4 3 3 1 2 1 1
11. 5 15 1 1 3 1 1 3 1
12. 30 3 1 1 4 1 1 1
13. 15 1 1 1 3 4 3 1
14. 5 4 8 3 4 3 1
15. 10 16
16. 1 9 2 1
17. 3 9 7 1
18. 1 9 1 2 1
19. 3 9 5 2 1
20. 7 8 2 2 2 1
21. 9 6 1 1 3
22. 11 5 4 1
23. 12 4 5 1
24. 12 2 4 4 3 1
25. 17 13 4 3
26. 1 7 3 8
27. 1 3 1 4 15 2
28. 1 5 7 1 1 8
29. 3 1 3 2 4 1 1 1 2 4
30. 4 1 3 2 4 2 1 3 1 3 2 1 2
31. 4 1 3 2 4 2 1 1 3 1 3 2 1
32. 4 1 3 2 4 2 1 5 1 3 2 1
33. 4 1 1 1 7 2 1 1 3 1 3 3 1
34. 4 5 2 4 2 1 1 3 1 3 1 4
35. 3 3 2 1 1 3 1 3 1 3
36. 2 3 1 2 1 1 5 1
37. 2 4 2 1 2 1 5 3 1
38. 2 3 2 5 2 1 1
39. 1 6 2 7 6 7
40. 7 10 2 2 1
41. 2 2 2 2 1 3 2 8
42. 7 7 1 2 2 8
43. 2 2 2 2 1 2 7 8 2
44. 2 2 2 2 1 2 3 2 4
45. 2 2 2 2 6 5 3 2
46. 2 7 6 2 5 2 2 2
47. 1 1 9 3 2 1 2 2 2 1
48. 1 6 11 6 13
49. 1 1 5 2 4 13
50. 1 1 14 5 2 2 2 2 1

하얀색 집이 빼곡한 그리스 섬마을

C70

난이도 ●●●●●
●

Column clues (top to bottom)

Column	Clues
1	5 1 2 1 1 1 1 8 4 1 1
2	9 2 1 1 1 1 1 4 2 1
3	4 6 1 2 4 4 6 6 2
4	7 4 2 1 13 5 1 2 1 1
5	9 1 1 5 6 2 2 2 2 2 2 1
6	2 4 2 2 6 7 1 2 2 5 2
7	8 1 7 8 1 1 2 8 2
8	9 1 1 6 8 2 6 5 1
9	8 2 9 7 1 10 2
10	3 3 2 1 8 1 8 2 6 2 1
11	5 2 1 2 6 6 7 3 1
12	7 1 1 12 5 10 1 1
13	7 12 2 4 10 1 1
14	6 2 1 1 8 2 4 14 1
15	7 1 12 1 5 5 4 1 1
16	7 1 2 10 4 11 1 1
17	3 2 2 2 6 2 3 3 7 3 1
18	6 1 3 7 1 3 7 2 2
19	7 1 2 4 5 1 3 5 3 3
20	7 1 1 1 9 1 1 2 5 2 1 1 1
21	8 8 6 7 8 1 1
22	2 3 1 3 1 2 2 2 5 1 2 1 1
23	2 5 5 1 1 3 1 2 3 2 1 1 1
24	3 2 1 3 2 7 1 2 7 1 1 1
25	2 9 1 2 1 3 1 6 2 2
26	3 4 2 3 3 2 1 4 2 1
27	2 2 7 1 3 1 1 5 2 2 1
28	1 1 1 3 2 4 1 3 2 5 2
29	2 7 2 2 1 2 1 1 2 1 4
30	3 2 1 2 3 2 1 1 3 1
31	2 6 2 1 1 1 1 2 1 2 7
32	1 1 1 5 1 1 3 3 2 1 2 1 4 1 1
33	2 2 6 1 1 3 1 1 1 2 2 5
34	3 5 2 1 2 1 2 2 1 2 2
35	8 1 1 1 2 2 5 1 1 1
36	2 2 3 3 1 2 4 2 1 1 1
37	2 2 3 4 1 1 6 1 1 1 3
38	1 3 3 6 1 1 2 2 1 2
39	1 1 1 3 13 4 2
40	3 1 5 10 1 2
41	3 1 1 12 1 1
42	4 1 7
43	5 1 6 1 4
44	7 1 8 3 10
45	15 10 1 16
46	9 1 1 14 1 1 2 11 2
47	12 6 4 2 11 6
48	4 5 1 1 1 1 4 1 1 2 6 5 4
49	13 1 2 3 1 1 4 13
50	12 1 3 2 4 4 1 1

Row clues (left to right)

Row	Clues
1	22 2 2 2 4 12
2	27 1 1 6 11
3	5 15 1 3 4 12
4	9 6 8 4 9
5	2 20 4 10 5 2
6	10 16 1 1 3 1 7
7	12 2 3 4 2 2 4 3 7
8	3 1 3 1 1 3 5 10 6
9	5 1 1 1 1 1 1 2 8 15
10	1 2 1 1 1 2 1 3 5 1 1 2 1 4
11	5 1 2 1 1 14 1 2 3 2
12	1 1 3 2 1 1 2 3 3 6 1 1 4
13	1 1 1 1 3 1 1 4 1 2 6 2 1
14	1 1 1 4 2 6 1 1 6 1 1
15	1 2 2 2 7 4 1 4 4 2
16	1 9 5 1 1 1 2 4 3
17	2 1 12 3 2 5 5 2 1
18	16 4 4 3 3
19	1 17 4 1 8 2 1
20	1 16 3 2 1 3 4
21	13 4 2 1 4 4 4
22	4 1 10 1 3 3 1 1 2 2 2
23	3 1 2 1 13 1 2 1 1 5
24	6 1 1 7 2 1 3 3 1
25	9 2 1 1 3 4 5
26	7 2 2 1 1 2 2 2 4
27	11 2 2 1 2 3 2 3 2
28	11 2 6 3 5 5
29	15 2 8 2 4 1 1
30	1 2 14 1 7 1 1 5 1
31	2 2 17 2 2 1 3 1 1
32	7 2 2 7 2 2 2 3 5
33	3 1 1 1 3 3 1 1 2
34	10 2 2 5 1 1 4
35	1 4 1 3 2 12
36	1 2 3 7 4 8 2 2 1
37	1 7 18 4 2 5
38	3 23 2 6
39	21 1 2 6
40	11 7 2 2 1 3 2
41	1 1 21 2 1 1 7
42	1 2 2 10 1 2 3 1 6
43	1 14 4 2 1 3 3
44	3 5 1 8 1 4 2 7
45	3 8 4 2 2 1 2 7
46	1 1 4 2 4 1 1 1 1 4 4 2
47	1 2 2 4 1 1 1 2 3 1 7
48	1 2 1 2 2 2 2 1 7 3 4
49	1 1 1 1 2 1 1 2 1 2 7
50	1 2 1 1 1 1 3 1 5 4 1 1

겨울 왕국의 왕비님

C71

난이도 ●●●●●●

Column clues (left to right, top to bottom):

Column	Clues
1	2 1 2 2 3 4 2 3 2 3 4 2 4
2	11 1 3 2 3 11 8
3	1 2 18 2 3 4 2 1 1
4	9 1 3 8 12
5	3 4 2 4 1 1 6
6	2 2 1 1 2 1 2 1 7 4
7	5 1 2 3 5 4 1 1 1
8	2 1 1 2 2 9 7 1 2
9	5 2 1 2 2 2 1 1 1 1
10	2 2 2 1 3 2 3 9 2
11	2 2 1 2 3 11 1 1 2
12	1 1 1 1 1 1 2 1 8 2
13	1 2 1 3 2 10 1 1 2
14	2 5 1 3 1 1 4 7 2 2
15	2 1 1 5 2 1 6 1 2 4 2 3
16	1 4 1 8 6 8
17	2 7 4 3 1 4 3 1 4 1
18	2 3 2 1 1 1 10 14 2
19	1 4 2 1 1 3 1 2 7 1 1 5
20	2 3 4 3 1 11 2 3 1 2
21	2 4 1 1 3 1 3 2 1 4 1 7
22	1 3 4 1 1 5 1 7 1 2 1
23	1 1 3 3 4 1 1 1 1 7
24	1 1 3 2 4 1 2 1 1 2 1
25	1 3 6 1 3 1 1 1 1 7 5
26	2 2 2 1 2 1 1 1 3 15
27	1 3 2 2 2 1 1 2 8 1 6
28	1 1 3 3 1 4 1 1 6 1 1 2
29	3 4 1 1 1 1 8 1 1 4 1
30	2 6 2 4 1 3 1 1 1 9
31	1 3 2 1 2 1 5 1 4 2 6
32	1 1 3 5 1 3 21
33	1 2 4 1 1 2 1 1
34	2 1 2 1 3 1 10 7 2 2 1
35	2 3 4 1 1 4 3 2 3 1 5
36	1 1 1 1 1 2 2 1 4 2 2 4 2 4
37	3 5 1 1 1 4 6 1 7 1
38	1 1 3 1 4 1 1 1 8 1 1
39	1 1 1 3 1 7 8 1 2 1
40	2 1 1 5 4 2 5 7 3 1
41	1 2 10 1 1 1 5 2 5 3
42	4 1 1 2 2 7 3 4 3 2
43	5 3 1 1 1 5 1 3
44	1 2 1 8 6 2 2
45	2 3 1 1 1 1 4 1 1 3 3
46	2 3 1 2 8 3 2 2
47	4 4 1 1 1 2 3 1
48	5 4 4 1 13
49	6 4 8 4 4 3 4 1
50	4 1 1 4 3 2 5 14 3

Row clues (top to bottom, left to right):

Row	Clues
1	3 1 6 1 1 4 6 1 2
2	2 2 4 2 4 1 2 6 3 1
3	1 1 3 1 1 1 2 2 1
4	2 2 1 3 1 4 3 2 1 5 2 1
5	1 1 8 3 2 2 2 1 1 8 1
6	2 4 1 20 4 2
7	5 4 1 2 2 2 2 1 2 2 6
8	5 3 27 3
9	2 2 1 2 2 2 2 2 2 2 1 3 2
10	4 3 4 7 7 1 1 6 3
11	6 1 1 2 26 1 3
12	1 3 1 5 1 1 2 1 1 1 1 5 1 1
13	3 3 1 2 5 1 1 1 3 3 3
14	1 1 5 2 1 1 1 1 1 1 2 2
15	2 3 2 1 3 3 2 2 2 1 1 2
16	8 2 2 1 1 1 1 1 1 1 1 1 1 1 3
17	3 1 2 1 1 1 1 2 2 4 1 1 1
18	1 3 1 1 5 1 1 1 3
19	4 1 2 5 12 2 1 2 1 1
20	3 2 3 6 5 4 4 5 2
21	1 1 6 3 3 3 2 1 2 3 2
22	3 5 6 5 5 15 2 1
23	2 3 2 1 1 1 1 1 1 1 1 1 2 2
24	3 2 2 1 1 1 1 9 1 1 1 1 1 1 2
25	1 2 15 14 2
26	4 1 1 4 4 2 3 5 1 2 1 1 1
27	3 1 1 4 1 3 2 1 1 2 2 1 1 1 1 1 2
28	2 1 1 1 1 4 1 1 1 2 1 1 1 1 1
29	4 1 1 1 1 5 3 2 1 3 1 1 2
30	3 1 1 1 1 1 6 5 1 1 5 1 1 2
31	2 1 1 1 1 4 1 5 1 1 4 1 1 1
32	4 1 1 1 4 1 5 1 1 4 1 1 2
33	3 3 6 3 4 3 6 6 2 3
34	3 1 1 1 1 1 1 4 1 5 1 1 7 1 1 2
35	2 1 1 1 1 1 1 5 1 3 2 1 2 2 1 1 3
36	4 1 1 1 1 5 1 1 8 1 4 1 1 1 1
37	1 2 1 1 1 1 5 1 1 2 2 1 2 2 1 5
38	4 1 1 1 1 1 1 4 1 8 1 2 3 1 1 3
39	15 1 7 6 1 5 3
40	2 1 1 1 1 8 6 1 1 1
41	5 1 1 1 9 2 1 3 3
42	4 5 1 1 2 2 1 1 2 2 5
43	2 3 1 3 2 3 2 1 5
44	8 4 1 3 2 1 2 3 3
45	2 3 6 1 3 2 12 2 1
46	1 4 2 2 1 1 2 2 2 2 2 5
47	1 1 2 3 1 1 2 2 2 2 6
48	2 3 3 3 3 2 2 2
49	2 4 4 2 4 2
50	2 2

뭔가 나올 것 같은 으스스한 집

C72

난이도 ●●●●●●●

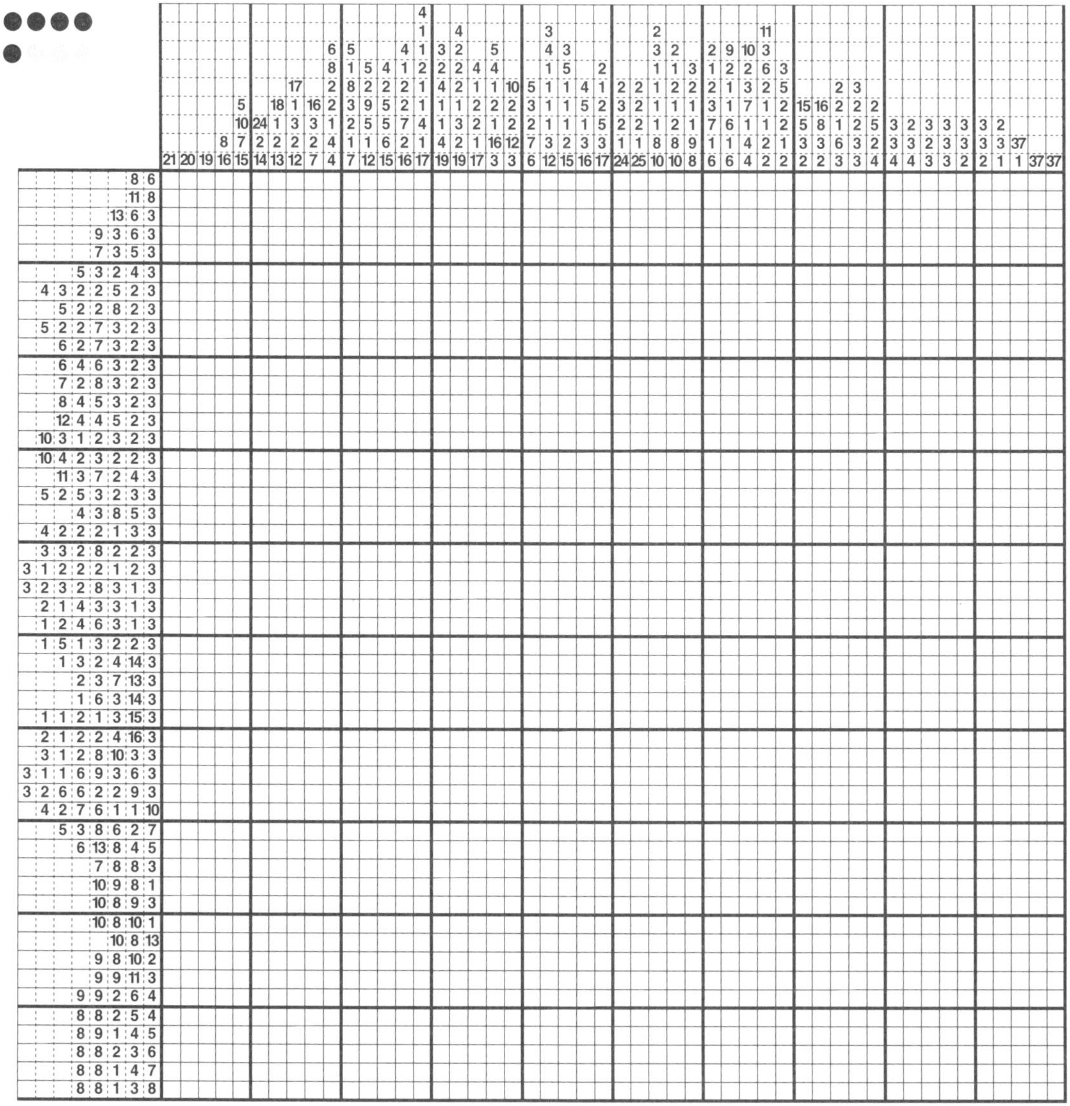

어떤 헤어 스타일을 원하세요?

C73

난이도 ●●●●●●●○○○

가로 (행) 힌트

행	힌트
1	3
2	5
3	5
4	3 3
5	4 5 2
6	4 5 2
7	4 5 2
8	8 5 2
9	23 2
10	32
11	2 2 21
12	1 2 1 1 2 4
13	2 1 1 1 1 2
14	1 1 1 2 2 2 4
15	2 1 2 1 1 2 6
16	1 2 1 1 1 1 6
17	1 1 1 1 1 1 12
18	1 1 1 1 1 3 1 1
19	1 1 1 1 1 4 1 1
20	1 1 1 1 1 6 2 3
21	1 1 1 1 1 1 2 6 2
22	1 1 2 1 1 1 2 3 2
23	2 2 1 1 1 1 8 3 2
24	1 1 1 1 1 1 1 1 4 2 1
25	2 1 1 2 2 1 2 1 3 1 2
26	1 2 2 1 1 1 4 4 1
27	2 2 1 1 1 1 6 3 1
28	1 2 1 1 1 1 3 1 5
29	2 8 1 1 2 1 1 3
30	6 7 1 1 4 1 3
31	2 5 1 1 2 1 3 3
32	2 7 1 1 1 1 4
33	2 7 3 1 3 1 4
34	3 11 6 5 3
35	2 3 6 5 7 2 2
36	5 6 2 3 2 3
37	20 3 2 2 8
38	14 8 3 3 5
39	12 3 6 2 2 6
40	10 3 9 3 6
41	7 3 8 3 7
42	4 2 3 5 2 7
43	4 4 4 3 3 7
44	2 4 2 3 3 7
45	2 8 2 3 6
46	2 1 9 2 6
47	7 1 18
48	12 1 1 4
49	18 1 3
50	31

세로 (열) 힌트 (위에서 아래로)

열	힌트
1	14
2	14
3	3 9 7 4
4	3 3 3 7 4
5	6 3 5 1 4
6	4 3 5 1 4
7	3 2 5 7
8	3 8 2 4 3 3
9	4 3 4 3 4 1 1 3
10	4 2 2 1 2 4 1 1 3
11	1 4 2 1 2 3 2 1 3
12	2 3 3 1 3 2 6
13	1 2 8 1 2 2 1 2 2
14	1 3 2 5 1 4 1 3 2
15	2 5 4 2 1 2 1 2
16	1 3 1 2 1 1 1 2
17	1 3 1 3 2 1 1 2
18	2 3 12 2 3 1 2 5
19	1 6 6 2 3 1 3 1
20	1 3 1 1 2 2 4 1
21	2 7 7 4 1 1 1
22	3 7 7 7 1 1
23	3 7 12 7 6 1 1
24	3 10 12 6 6
25	11 6 5 3 1
26	1 2 11 2 1 1
27	2 2 17 1 2 1 1 1
28	2 2 6 1 2 1 2 1 1
29	2 2 2 4 4 2 1 1 1
30	2 2 2 7 1 1 2 2 4
31	6 1 1 2 2 5 1 1 2 5
32	4 1 1 1 1 2 1 2 1 5
33	3 1 3 1 1 7 2 5
34	3 14 2 1 1 1 5
35	4 4 1 1 3 2 5
36	4 1 2 1 2 2 2 5
37	4 1 2 1 6 1 5
38	4 2 2 1 3 2 4
39	6 9 1 3 5
40	1 1 1 2 1 2 5
41	1 1 2 2 5 4
42	1 2 5 1 5
43	2 2 1 5
44	3 1 1 5
45	5 6
46	3 4
47	5 1
48	5 1
49	5 1
50	4 1

나무를 엮어 만든 배

C74

난이도 ●●●●●
●●

Column clues (left to right, top to bottom):

Column	Clues
1	1 6 1 1 16 6 3
2	1 2 2 4 1 15 6 3
3	1 1 1 3 1 1 14 9 1
4	1 1 4 1 1 1 13 11 1
5	2 2 2 1 1 4 13 12 1
6	6 2 1 1 2 1 12 12 1
7	2 2 2 2 1 12 13 1
8	1 1 3 2 11 8 4 1
9	1 2 2 2 2 11 9 4 1
10	1 11 3 10 8 3 1
11	1 1 2 3 1 4 2 8 3 2
12	1 1 5 1 1 3 2 8 8
13	1 1 1 5 1 3 10 9
14	2 2 2 2 1 2 8 9
15	6 1 2 1 2 7 10
16	2 2 1 2 3 3 6 10
17	1 1 2 2 2 1 1 5 11
18	1 1 1 4 2 1 1 4 12
19	1 3 7 1 1 2 7 1
20	1 3 4 2 1 1 2 5 2
21	1 1 1 3 2 1 1 1 3 6
22	1 1 1 3 1 3 2 2 8
23	8 4 2 9
24	1 3 4 10
25	2 1 5 10
26	9 1 20
27	2 2 2 22
28	11 2 2 23
29	7 3 2 2 14 4
30	6 3 2 3 3 10 3
31	5 3 2 2 4 8 3
32	5 1 2 1 2 2 6 2
33	5 5 2 2 2 2 4
34	4 8 4 2 1 2 2
35	1 5 2 1 3 1 2 3
36	7 5 3 1 3
37	1 4 1 2 1 4 3 3 2 2
38	2 5 1 1 8 2 5 4
39	2 4 3 2 9 1 4 4
40	4 2 13 3 3 1 5
41	6 2 2 1 10 6 2 5
42	2 4 5 2 7 2 1 2 2 4 2
43	1 4 2 1 2 6 7 1 1 4 3 3
44	1 2 4 2 1 5 7 4 4 3
45	2 4 4 4 4 3 2 2 2
46	5 4 1 4 3 2 1 3 4
47	3 2 2 3 3 3 2 2 5 5
48	4 1 5 1 3 2 2 2 6 5
49	5 2 3 3 5 2 5 4
50	8 3 6 4 3

Row clues (top to bottom, left to right):

Row	Clues
1	23 1 8 10
2	3 3 1 1 7 3 3 6
3	1 1 1 1 7 1 4 5
4	1 1 1 1 7 1 4 1 3
5	3 3 1 1 6 2 4 2 2
6	23 1 3 5 4 2 1
7	2 2 2 1 1 2 9 4 1
8	1 1 10 1 1 8 4 2
9	1 1 4 7 3 4 3 2
10	2 2 3 4 3 3 2 4
11	12 3 2 2 3
12	5 3 1 1 4 2
13	1 3 1 1 2 1 2 2 2 2
14	4 2 2 5 2 2 1 2 3 1
15	2 1 1 8 3 1 2 1 3
16	6 2 1 5 7 1 2 2 1
17	1 1 4 1 2 4 5
18	6 5 1 3 2 2 2
19	3 2 3 1 14
20	5 13 2 11
21	4 3 2 1 11
22	2 2 2 10
23	15 2 7 3
24	14 2 3 6 6
25	13 7 2 2 5 4 2
26	11 1 1 1 9 3 2
27	10 7 2 2 6 3 3
28	10 2 2 6 2 2 1
29	11 2 2 3 2 2 2
30	12 3 2 3 4 2
31	10 2 7 2 3 2
32	10 2 5 2 6 3
33	9 4 6 2 2 4
34	7 8 8 2 1 2 1
35	5 12 9 10 3
36	3 27 3 1 4
37	2 14 3 8 3 3 5
38	1 14 1 8 6 5
39	13 5 9 2 2 4
40	13 6 9 4 2
41	12 7 9 4
42	10 8 9 2
43	9 9 8 3
44	7 9 9 6 4
45	9 9 8 7 5
46	8 7 8 7 6
47	8 7 10 2 4 5
48	2 7 7 12 4 2 3
49	2 8 4 7 4 4
50	19 6 4

범인이 흔적을 남긴 것 같아요

C75

난이도 ●●●●●●●

Column clues (left to right, top to bottom):

Column	Clues
1	32 5
2	32 2 3
3	32 2 7
4	32 1 5 2
5	6 20 1 7 1
6	5 4 19 2 9
7	2 7 18 2 8
8	1 11 17 2 6
9	3 8 16 2 6
10	4 8 11 2 2 6
11	2 2 7 9 4 2 2 1
12	1 4 1 5 3 3 1 1 2 2 1 2 1
13	1 4 5 3 2 2 1 1 6
14	9 9 4 2 2 5
15	1 5 7 3 2 1 4
16	4 2 6 2 1 2 4
17	1 2 3 2 5 2 5 2 4
18	2 4 2 4 2 6 2 7
19	8 1 2 2 1 6 1 4 1
20	10 2 1 7 2 6
21	8 2 1 2 8 2 4
22	7 3 1 1 10 4 1 4
23	6 3 2 2 11 1 1 4
24	6 4 2 1 2 4 2 1 2 3
25	6 2 2 4 1 1 2 1 4
26	10 3 2 1 1 1 1 2 1
27	4 6 2 1 1 1 1 4 3
28	3 1 3 1 2 1 2 2 1 1 3
29	3 2 1 3 1 1 7 1 4
30	2 1 2 3 1 2 5 2 2 3
31	2 1 1 1 3 11 3 2 3
32	2 1 1 2 1 1 4 4 3 1 2
33	2 1 1 1 2 4 1 6 6
34	3 1 1 4 4 1 4 7
35	3 1 1 5 4 1 3 9
36	4 1 7 3 2 1 11
37	5 2 8 3 1 12
38	9 8 4 1 7 5
39	10 7 1 3 2 6 4
40	18 1 3 2 3 2
41	17 1 3 2 2 1
42	17 1 2 4 2
43	16 2 2 2 4
44	16 1 1 3 5
45	15 3 3 2 3 7
46	14 2 5 3 4 9
47	13 3 1 3 3 10
48	12 2 1 2 3 4 12
49	11 1 6 4 4 14
50	10 4 2 4 3 15

Row clues (top to bottom, left to right):

Row	Clues
1	8 4 34
2	7 3 3 33
3	6 3 1 1 2 11 17
4	6 3 1 1 2 9 15
5	6 1 7 9 14
6	5 3 5 10 13
7	4 4 3 6 2 13
8	4 10 5 5 14
9	4 6 3 1 4 22
10	4 7 6 1 3 12
11	4 9 2 2 1 4 10
12	5 9 1 2 2 2 10
13	6 9 2 2 16
14	7 10 1 1 11
15	9 7 2 2 12 3
16	12 5 2 2 13 2 1
17	12 5 2 4 9 1 2
18	12 4 6 8 2 2
19	11 2 2 3 6 4 2 1
20	13 5 1 7 1 3
21	13 5 4 2
22	12 1 2
23	11 6 2 3
24	11 4 3 6 2
25	10 3 4 2 11 2 1
26	10 7 15 2
27	9 4 1 3 4 2
28	9 2 2 1 2 3
29	13 5 6 3
30	11 7 1 4 3 1
31	8 1 7 2 2 3 2
32	4 2 7 4 2 2 3
33	4 7 6 2 2
34	10 7 1 3
35	7 8 2 1 3
36	2 1 2 6 2 1
37	5 3 2 2 6 2 2
38	10 7 1 6 3 2
39	2 4 2 1 2 5 3 3
40	2 7 3 1 3 6 2 3
41	1 11 3 1 9 4
42	11 2 4 4 5 5
43	10 4 2 3 6 5
44	10 7 4 13 6
45	1 7 8 4 11 6
46	1 3 12 3 8 7
47	2 2 11 3 4 8
48	3 14 8
49	1 6 5 9
50	3 4 10

바퀴 네 개 달린 널빤지를 타는 스포츠

C76

난이도 ●●●●●●●

1 2 2 1 9 3 2	5 2 1 11 1 2 3
1 2 3 1 4 1 1 3	4 1 1 1 10 1 1 4
1 2 1 2 5 2 2 1 1 2 3	1 4 2 5 3 2 5 1 1
3 2 2 4 2 3 4 1 2	6 2 6 2 3 6 2 3
3 1 2 6 5 2 10 1 3	2 1 2 6 4 2 11 2 2
3 1 2 11 14 4	1 1 1 1 11 10 5
3 1 1 3 4 2 8 3 5	4 1 4 4 2 7 2 5
2 2 2 4 17 3 4	2 2 2 4 15 2 2
1 3 1 5 12 2	1 2 2 4 12 11
2 1 4 5 6 3 7	1 1 1 3 5 6 2 4
1 2 2 4 6 2 3	1 2 1 4 6 2 10
1 4 6 4 6	1 1 5 5 4 3
2 1 4 5 2 5	1 1 5 4 3 5
2 6 3 3 1 3	1 1 6 2 2 3 1
1 1 6 1 2 6	1 9 2 3 3
1 2 9 2 3	3 5 3 5
6 4 1 1 3	7 4 2 1 7
11 3 3 4	1 6 1 1 2 2
4 4 2 4 2 2	5 4 2 3 6 4
10 2 4 3 2	6 3 1 3 6
6 4 2 1 3 3 1	18 1 4 5 1
5 5 3 1 3 5 2	4 4 5 4 3 3
4 4 10 3	3 5 7 5
3 5 3 2 3 1	3 7 3 2 6
3 8 1 3 6	3 6 2 4 2 4

8 3 4 3 2 4 9
2 1 5 4 2 1 12
13 7 4 13
6 1 6 2 2 8
2 12 6
6 3 5
3 10 5
11 2 1 1
4 1 1
4 1 5
4 2 2 7
10 1 8
10 1 9
10 1 2 5
2 5 3 1 1 4
2 9 1 1 3
2 11 1 1 3
2 12 3 2 2
2 13 4 3 1 1 1
2 3 5 2 7 5 2 1
2 2 3 2 18 2 1
2 1 24 6 2 1
4 6 11 6 7 1
5 2 7 1 5 6 1
5 2 6 5 5 4 1 1
2 3 4 7 5 2 2 1
5 1 15 6 3 3
7 29
16 5
13 1 1
12 1 1
11 1 1
10 1 2
5 3
5
4 4
5 4 1
5 4 4 8
6 6 6 5 2
9 4 2 2 2 9 2
2 5 5 5 1 8 7
1 4 3 1 1 2 2 2 5 4 1
2 2 5 1 1 4 4 5
3 6 2 1 7 3 4 2
4 3 2 2 3 2 8 3
2 4 2 2 5 4 5 5
1 4 3 2 2 1 5 4 5
4 2 3 10 2 3 1 1 7
10 4 10 1 2 2 1 4 3
3 1 4 4 11 1 2 2 9 1

숨을 오래 참을 수 있어요

C77

난이도 ●●●●●●●

세로 열 힌트 (왼쪽부터)

1. 1 10 2
2. 1 4 4 2 6
3. 3 15 3 8
4. 3 4 21 3 3
5. 3 4 11 5
6. 1 1 4 4 6 2
7. 1 1 3 7 2 1 1 2
8. 3 3 3 1 2 1 1 2
9. 2 3 3 2 4 11 2 6 2
10. 3 3 2 6 1 4 5 5
11. 1 3 2 7 1 3 3 3
12. 1 2 2 8 1 3 8
13. 2 1 9 1 2 6
14. 2 2 9 1 12 2 2
15. 2 2 10 1 13 2 3
16. 5 10 1 2 1 1 1 1 3 2 2
17. 4 11 4 1 1 1 1 4 2 3
18. 3 1 11 1 2 1 1 1 1 1 4 1 3
19. 2 1 11 1 2 1 1 1 1 1 2 2 2 2
20. 2 1 11 1 2 1 1 1 1 1 2 2 1 2
21. 1 2 1 2 1 1 1 1 1 2 2 4
22. 1 17 2 1 1 1 1 1 2 2 3
23. 5 2 1 1 1 1 1 2 5
24. 4 2 1 1 1 1 1 2 4
25. 2 1 31 3
26. 2 5 11
27. 3 1 29 3
28. 4 1 29 4
29. 3 1 2 6 2 2
30. 1 3 2 8 2 2
31. 1 3 2 10 2 2
32. 2 1 2 2 1 3 10 2
33. 3 1 2 7 3 3 12 2
34. 5 2 3 1 2 5 16
35. 1 3 6 2 3 3 18
36. 1 2 3 5 4 2 2 2 12
37. 1 2 4 2 2 4 4 2 10
38. 7 3 7 1 2 2 2 10
39. 1 2 4 6 8 2 1 9
40. 1 11 3 1 2 1 2 8
41. 22 2 2 1 8
42. 3 4 3 1 1 2 7
43. 3 11 3 1 1 7
44. 1 4 1 5 1 6
45. 1 13 1 7 6
46. 3 4 1 1 3 5 5
47. 3 3 1 21 10
48. 3 1 2 3 3 8
49. 1 5 3 4 2 7
50. 1 1 10 2 6

가로 행 힌트 (위부터)

1. 1 2 1 1
2. 3 6 1 1
3. 3 3 2 2 5 3
4. 3 16 1 3 3
5. 1 1 6 2 1 2 5 1 3
6. 1 1 6 2 1 2 2 3 1
7. 3 4 2 2 1 2 2 4 1
8. 3 3 3 8 12 3
9. 3 3 3 1 1 3 3
10. 1 3 3 4 1 1 7 2 4 1
11. 1 3 2 6 1 1 9 8 1
12. 1 3 2 8 1 1 2 8 3 4
13. 2 2 9 1 1 2 8 2 1
14. 2 2 10 1 1 2 3 4 3 1
15. 2 1 11 1 1 2 5 3 2
16. 2 2 11 1 1 2 7 4 3
17. 2 1 12 1 1 2 2 4 1 3
18. 2 1 12 1 1 2 1 1 2 1 1 1 2
19. 3 1 12 1 1 2 2 1 2 1 1 1 3
20. 3 1 12 1 1 2 1 2 1 1 1 1 1
21. 4 1 1 1 2 7 1 1 1 1 2
22. 4 16 1 2 7 1 1 1 1
23. 1 2 1 1 1 2 3 2 1 1 1 1
24. 1 2 1 12 2 2 6 1 3 1
25. 1 2 1 12 2 1 1 1 1 1 1 1
26. 1 2 1 2 1 2 2 1 1 5 1
27. 1 2 1 12 2 4 1 1 1 1
28. 4 1 2 1 2 3 3 1 2
29. 4 1 12 2 3 2 2 1 2
30. 4 1 2 1 2 3 3 1 4
31. 3 1 12 2 3 2 2 2 3
32. 2 2 2 1 2 3 3 2 1 2
33. 2 1 12 5 2 2 4 1
34. 2 1 2 1 9 2 1 2
35. 3 2 12 10 3 5
36. 5 1 3 1 11 10
37. 3 2 2 10 9 2 2 3
38. 2 1 20 3 1
39. 6 2 1 1 7 3 2
40. 8 2 2 1 7 5
41. 3 3 2 2 1 7 3
42. 5 5 2 2 1 9 2
43. 2 6 2 2 2 1 12 3
44. 2 1 1 2 3 2 1 2 11 3
45. 2 1 1 4 3 2 1 2 13 4
46. 2 6 7 8 17
47. 5 5 36
48. 3 3 34
49. 8 16
50. 6 13

요정 할머니가 만든 호박 마차의 주인은?

C78

난이도 ●●●●●●●●

Column clues (left to right, top to bottom):

1. 16 9 1 7
2. 15 2 9 10
3. 18 11 12
4. 12 2 27
5. 11 2 23 3
6. 10 2 21 2
7. 9 2 20
8. 8 2 23
9. 8 2 23
10. 8 2 23
11. 7 2 4 19
12. 7 2 2 1 13
13. 6 1 3 3 1 1 4
14. 2 1 2 15 1 3
15. 1 2 3 2 1 3
16. 5 1 4 20 7
17. 1 2 7 23 2
18. 2 2 7 22 1
19. 4 5 4 18 2 1
20. 4 7 4 16 4 1
21. 12 4 15 3 1
22. 6 1 4 2 14 3 1
23. 6 11 12 2 1
24. 4 5 18 3 2
25. 6 2 1 7 8 3 2
26. 5 1 1 8 6 2 2
27. 4 1 1 6 2 6 3 2
28. 4 2 1 6 7 2 3
29. 4 3 1 6 5 1 2
30. 6 1 8 4 3 3
31. 1 9 3 2 3
32. 1 4 3 2 2 5
33. 1 3 5 2 1 2
34. 7 3 2 2 5 2
35. 2 2 3 2 5 2 1 2
36. 1 3 2 2 2 1
37. 2 1 1 2 7
38. 9 1 2 2 4 4
39. 1 4 3 3 1 1 3 4
40. 1 9 3 2 1 2 6 3
41. 6 9 5 2 3 1
42. 6 10 1 1 3
43. 7 11 1 3 3
44. 7 2 10 3
45. 8 2 9 2
46. 10 4 11 1
47. 11 10 13 1
48. 12 18 1
49. 14 18 2
50. 17 22 3

Row clues (top to bottom):

1. 13 1 9 1 10
2. 13 1 11 1 10
3. 13 1 11 1 10
4. 13 1 11 1 10
5. 23 2 1 1 10
6. 14 2 3 1 1 13
7. 12 1 1 2 2 8
8. 10 3 1 5 6
9. 7 1 2 2 1 4 5
10. 6 2 2 2 2 2 4 5
11. 5 3 8 1 4 1 4
12. 4 6 3 2 1 3 2 3
13. 3 5 3 2 1 3 2 2
14. 3 4 4 14 5 1 2
15. 3 3 3 2 3 5 1 1
16. 1 3 2 3 2 1 5 2 1
17. 2 3 14 2 3 1 1
18. 3 6 11 1 2 1
19. 2 7 10 2 2 1
20. 1 3 2 11 1 1 1 1
21. 2 2 2 10 7 1 1
22. 5 2 2 8 1 2 2 1 1
23. 6 1 3 3 4 1 1 1
24. 7 2 5 1 2 5 2 2 1
25. 7 2 7 2 2 5 1 1 2 1
26. 8 1 2 10 1 1 4 1 1
27. 10 2 15 1 1 1 3
28. 13 20 2 1 3
29. 9 1 20 3 1 5
30. 8 1 16 3 8
31. 9 1 14 2 10
32. 9 1 12 2 4 8
33. 8 1 10 1 2 7
34. 8 1 9 1 2 1 6
35. 8 1 8 3 2 6
36. 8 1 8 3 1 6
37. 10 1 7 3 2 6
38. 10 1 7 2 2 1 6
39. 14 7 3 2 1 1 5
40. 11 6 2 2 2 1 4
41. 12 4 1 2 1 1 4
42. 18 1 4 1 1 1 3
43. 12 1 8 1 1 1 2
44. 5 5 2 7 1 1 2 2
45. 4 5 1 3 2 2 1 1
46. 5 6 1 2 2 2 1
47. 6 9 4 2 2
48. 5 9 5 3 3 1
49. 9 5 2 3 2
50. 10 3 7

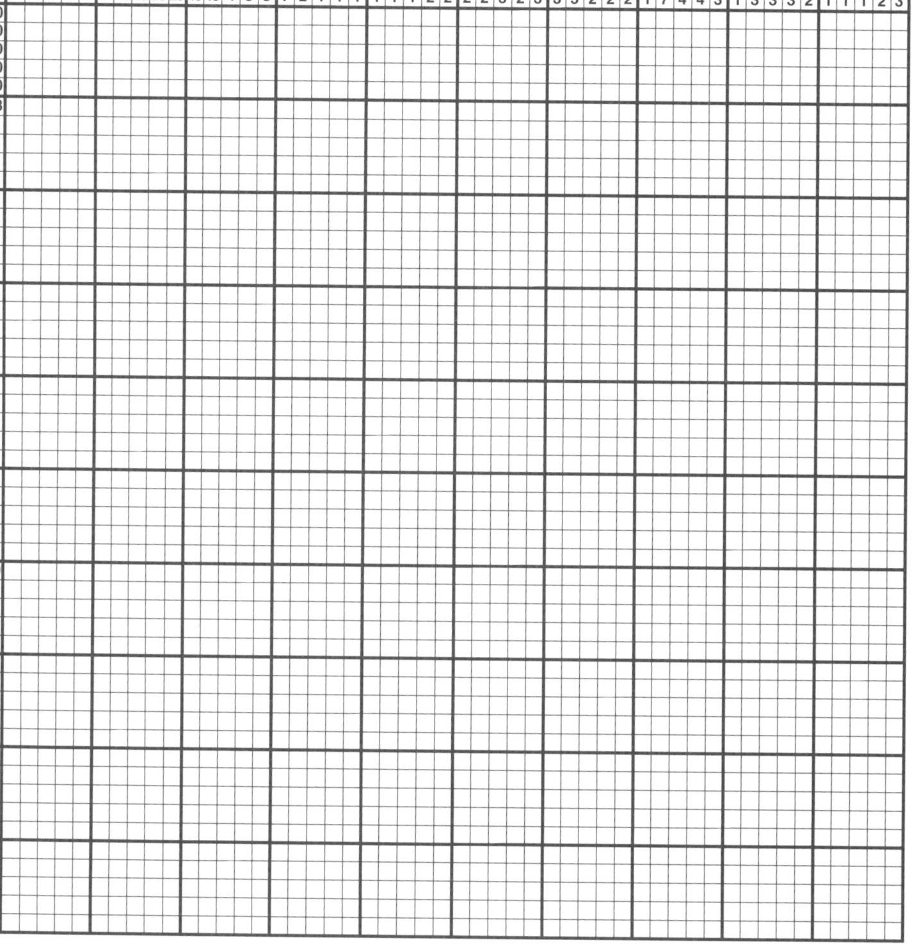

결혼식을 앞두고 찍는 사진

C79

난이도 ●●●●●●●●

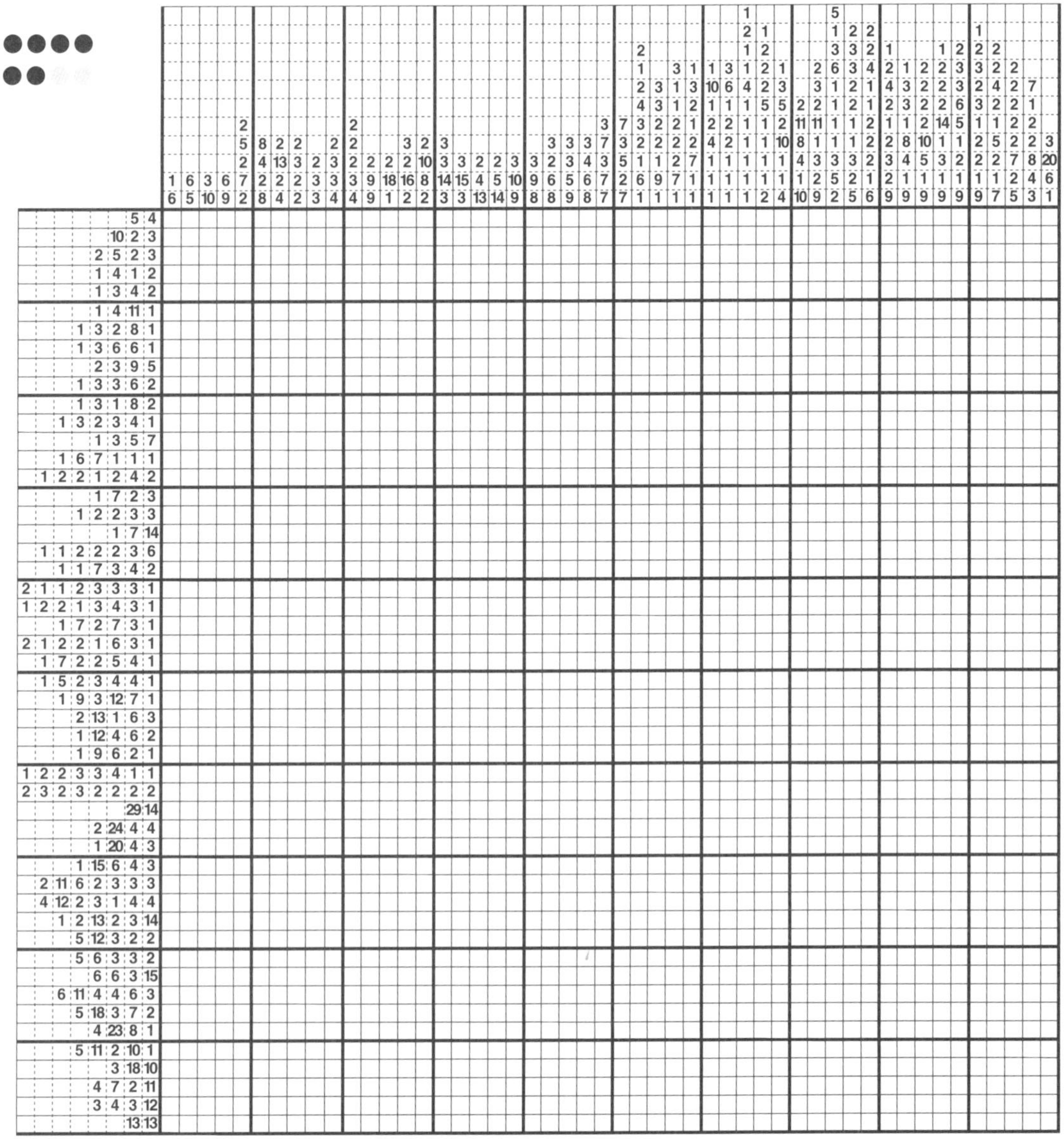

기다리면 물고기가 미끼를 물겠죠?

C80

난이도 ●●●●●●●●

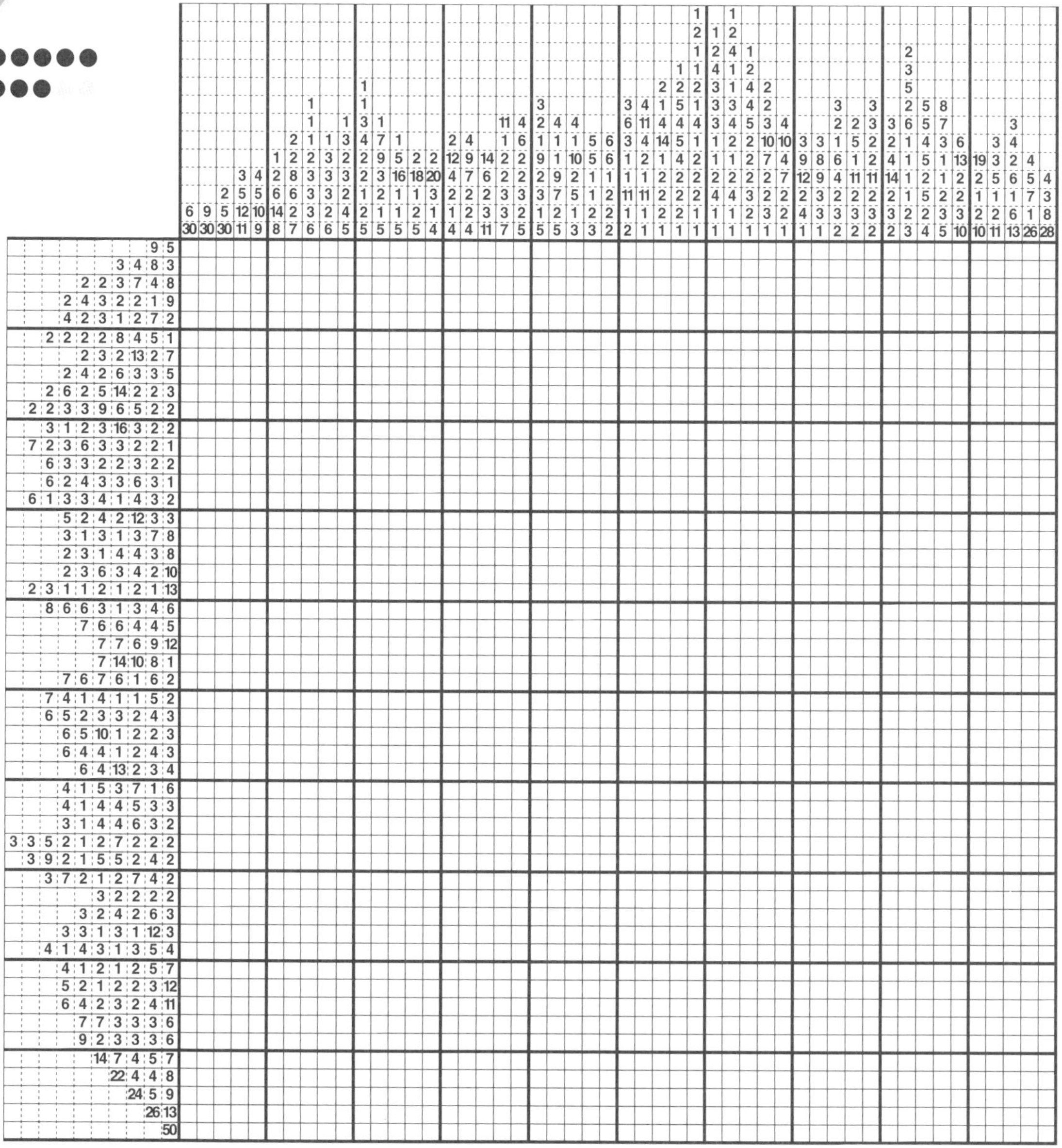

물놀이를 하면서 더위를 피해요

C81

난이도 ●●●●●●

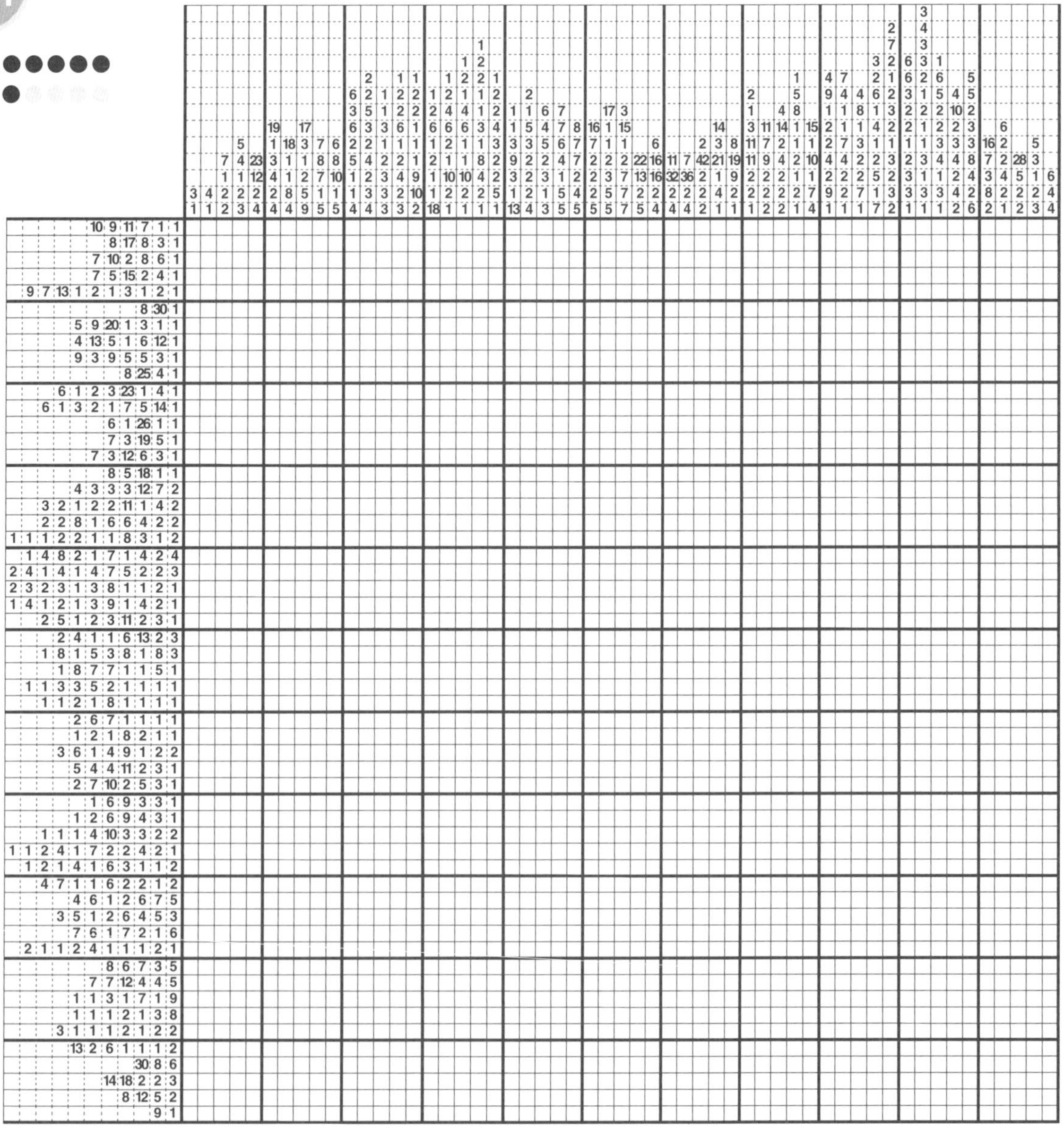

콧수염이 있는 희극인이자 배우이자 감독

C82

난이도 ●●●●●●

Column clues (left to right, top to bottom)

Column	Clues
1	5 2 3 4 3 3 1
2	15 20 3 4 3 3 1
3	2 2 2 3 4 3 3 1
4	3 2 2 8 3 3 1
5	2 4 4 4 3 3 1
6	2 5 2 3 3 3 1
7	2 2 4 3 3 3 3 1
8	2 1 4 3 2 3 3 1
9	2 1 5 3 2 3 3 1
10	2 6 2 1 3 3 1
11	2 3 2 5 3 1
12	3 2 2 4 3 1
13	3 3 4 3 1
14	3 2 3 3 1
15	1 5 1 3 3 1
16	2 12 3 3 1
17	3 7 2 4 3 3 1
18	7 1 5 6 3 3 1
19	8 1 2 5 3 3 1
20	6 2 2 2 5 3 3 1
21	8 5 7 3 3 1
22	6 1 17 3 3 1
23	4 1 16 3 3 1
24	3 1 2 6 2 4 4 3 1
25	3 2 4 2 15 2 11 1
26	2 2 3 2 2 2 6 4 1
27	3 1 2 2 13 3 2 1
28	7 7 2 5 2 1
29	5 4 2 3 3
30	6 4 3 5 3
31	39 2 1 2
32	6 1 1 1 2 2
33	35 1 1 1 3 2
34	35 1 2 7 2
35	3 1 2 6 2 2 4 1 2 2 4 2
36	3 1 6 2 2 4 1 3 1 2
37	2 3 2 6 2 3 7 2 4
38	2 2 1 7 2 3 5 1 2 2 2
39	2 4 6 2 5 4 2 2 2 2
40	2 2 1 8 6 7 3 2 1
41	1 1 2 2 3 2 4 4 5 1 1
42	2 1 4 1 2 1 6 7 2 1
43	3 2 2 2 1 6 7 4
44	5 2 1 2 1 9 2 1 2 2
45	5 3 3 7 1 1 2 3 2
46	8 11 2 6 1
47	1 7 2 5 1 5 1 1
48	1 7 2 2 2 2 2
49	1 1 5 2 2 2 1 3
50	2 5 2 2 3 3 1 2
51	9 2 1 9 1 2 2
52	2 1 8 3 4 4 2 3 2
53	3 11 4 4 4 8 2
54	1 1 10 11 3 4 4 3 2
55	2 1 1 1 8 11 3 4 4 4 2

Row clues (top to bottom, left to right)

Row	Clues
1	1 6 1 2 1 1 5 1 1 1 1
2	1 9 1 3 4 5 1 1 2 1
3	1 11 1 4 1 1 5 3 2
4	1 6 2 1 5 1 1 5 3 1
5	1 5 1 1 2 4 1 8
6	1 5 1 2 1 3 4 1 8 1
7	1 4 1 1 1 1 2 1 16
8	1 5 1 3 1 1 3 2 13 1
9	1 4 2 2 1 3 1 1 1 10
10	1 2 2 1 2 1 4
11	1 3 2 1 2 2 3 4
12	1 9 5 4 1 2 4 1 4
13	12 2 3 2 5 2 3 2 4
14	4 6 5 13 2 3
15	2 5 3 16 3
16	1 5 5 15 3
17	2 4 5 14 2
18	4 4 4 2 1 11 2
19	6 1 1 6 3 8 4 1
20	1 2 2 12 1 2 1 1
21	1 7 2 5 2 1 8 14
22	1 8 1 3 1 3 1 8 14
23	1 9 1 3 1 1 1 1 2 1 5 4
24	1 3 4 1 1 1 1 2 11 3
25	1 2 4 1 1 3 2 15 2
26	1 2 1 2 1 1 2 15 2
27	1 2 2 2 1 1 2 7 1 1 2 2
28	1 2 2 2 1 1 2 2 1 4 2
29	1 1 2 2 1 1 1 2 2 2 1 2
30	1 2 2 1 1 1 2 1 1 3 2
31	1 1 3 4 1 2 7 2 2
32	1 2 2 3 1 12 5
33	1 1 2 2 1 11 6
34	1 2 2 2 1 13 6
35	6 1 8 2 2 5
36	5 1 2 1 2 1
37	1 8 2 1 5
38	5 2 4 3 1 1 5
39	4 11 3 1 5
40	4 3 3 2 2 6
41	1 4 6 1 3
42	5 1 3 5 3 6
43	7 2 7 1 4
44	9 1 2 1 1 3
45	11 1 1 1 2 3
46	3 2 1 3 1 1
47	25 4 2 4
48	25 2 2 4
49	25 2 2 5
50	2 1 4 2 1
51	26 1 3 2
52	28 5 2
53	30 1 5
54	11 8
55	42 7

우리의 소리를 들어볼까요?

C83

난이도 ●●●●●●●

Column clues (top to bottom):

Column	Clues
1	13 1 8
2	15 8 1
3	1 13 3 6
4	1 14 10
5	1 14 10
6	1 15 7 2
7	2 6 2 3 6
8	2 6 6 10 3
9	2 6 2 3 5 4 1 2
10	2 7 1 7 1 8 1 4
11	2 6 1 9 4 10 4 1 4
12	2 6 1 11 12 1 7
13	2 6 2 9 1 8 5 1 3
14	2 6 8 6 1 3 3 2 1 5
15	2 6 2 6 1 5 1 9
16	2 6 1 4 1 4 3 7
17	2 14 3 2 1 3 5
18	3 13 2 1 1 3 8 4
19	3 14 1 2 2 1 1 5 2 3
20	2 14 4 2 3 4 3 3
21	2 14 6 9 3 2
22	3 14 1 13 3 1
23	3 2 2 1 5 1 1 1
24	17 3 4 4 1 3 1 1
25	15 9 4 3 1 2
26	2 1 7 4 3 2 3
27	2 1 7 5 5
28	1 2 1 8 6 6
29	1 1 1 7 4 4 2
30	2 2 1 7 8 5
31	1 5 6 4
32	4 1 3 7 4
33	6 4 10 3
34	7 4 3 4 2
35	7 2 1 1 2 5 1
36	7 1 1 2 1 4
37	7 1 2 2 4
38	7 1 2 3 4 5
39	1 6 4 1 1 1 7 4 3
40	1 6 4 2 1 4 3 4
41	7 2 2 2 4 2 2 1
42	7 1 2 2 4 2 2 2 2
43	7 3 6 3 4 6
44	6 2 5 4 2 2
45	11 1 4 2 2
46	1 2 4 2 1 6
47	6 3 1 1 5 2 2 1 2
48	1 4 4 3 4 2 3 2 1
49	3 2 1 2 11 1 3
50	4 1 1 2 18 2
51	3 4 21 2
52	1 3 2 9 1 10 2
53	6 3 10 1 9
54	2 12 1 9
55	3 8 1 7

Row clues (left to right):

Row	Clues
1	9
2	2 8
3	6 9
4	10 10
5	14 8
6	17 4
7	21 2
8	22 2
9	22 2
10	6 13 2
11	6 8 2
12	6 5 6 2
13	6 2 2 6 2
14	6 1 3 1 6 2
15	5 1 3 1 6 2
16	5 3 1 6 2 7
17	7 1 6 2 6 3 3 2
18	8 6 2 13 1 1 1 1
19	14 2 14 1 3 1
20	5 6 16 1 2 1
21	3 2 3 14 2 1 2
22	4 2 13 2 1 3
23	3 3 7 2 2 2
24	5 3 1 5 1 1
25	1 3 16 1 3 1
26	1 4 1 3 3 3 8
27	2 8 1 2 2 1 1 1 1
28	2 4 4 1 2 2 1 2 2
29	12 4 2 10 2 13
30	8 2 4 2 1 2 6
31	13 3 2 5 2 5 5 5
32	2 3 10 3 6 1 3 4 4 5
33	14 2 1 11 2 2 8
34	8 6 3 2 17 2 8
35	13 2 3 11 2 2 7
36	5 27 4 7
37	1 16 3 10 5 6
38	19 3 6 11
39	8 2 16
40	11 2 4 8
41	13 1 4 6
42	3 13 1 2 4
43	1 1 2 4 2 1 3 3 3
44	4 1 4 3 1 1 1 1 3 3 4
45	1 1 4 1 2 2 1 1 1 3 1 5
46	2 2 1 1 3 2 2 2 3 4 1 4
47	3 2 1 3 2 2 1 2 2 1 5
48	1 1 1 2 1 1 3 1 2 2 2 5
49	3 3 2 2 2 2 1 6 6
50	4 2 2 3 1 2 4 2 4
51	2 4 12 4 2 1 2 3
52	9 6 2 4 5 3
53	8 3 4 3 1 1 2 2
54	7 3 5 2 2 2 2 2
55	5 3 6 2 1 2 1 2

팔이 길지 않아도 우리 모두가 사진에 나올 수 있어요

C84

난이도 ●●●●●●●

1	8 4 5 10 5
2	1 21 12
3	1 40
4	1 1 4
5	1 1 4
6	1 1 6 3
7	1 1 1 10 4
8	1 1 1 3 6 3
9	1 1 2 2 2 5 2
10	1 1 1 2 15 2
11	1 1 1 2 13 2
12	1 1 6 1 4 2
13	1 1 9 6 12 1
14	1 1 21 12 1
15	1 1 8 8 2 6 1
16	1 1 9 8 2 5 1
17	1 1 10 6 10 8 1
18	1 1 10 8 9 3 6 1
19	1 1 11 8 11 2 3 1
20	1 1 4 1 4 9 6 3 2 1
21	2 5 1 1 1 10 4 2 1
22	2 4 1 1 2 5 3 2 3 1
23	2 4 3 4 4 8 2 1
24	2 4 1 2 4 12 1
25	2 1 8 3 6 3 2 2
26	2 1 5 2 3 8 13 1
27	1 1 6 2 2 7 13 1
28	2 1 2 5 6 1
29	2 1 2 3 3 3 1
30	2 1 2 4 3 2 1
31	3 1 3 5 2
32	3 1 1 1
33	3 1 1 1
34	3 1 1 4 2
35	2 1 7 6 4 1
36	3 1 1 4 5 2 1 1
37	3 1 1 3 1 8 1 2
38	3 1 1 5 2 5 3 7 3
39	3 1 13 5 14
40	3 1 7 1 5 14
41	3 16 5 5 15
42	15 2 1 2 23
43	5 3 3 2 2 9 2
44	2 5 2 4 3 3 9
45	6 5 4 2 4 8
46	2 8 1 5 1 7
47	3 2 7 7
48	3 2 6 10
49	3 4 5 12 2
50	5 6 1 13 2
51	25 16 2
52	6 19 18
53	2 3 32 9
54	7 2 1 6
55	4 32 3

1	26 7 13 6
2	1 35
3	20 13 1 6 2
4	3 10 2 1 7
5	3 1 6 13 2 5
6	3 1 9 2 3 5
7	3 2 2 10 2 1 1 1 2
8	3 1 6 2 1 2 1 1 1 1
9	2 1 4 2 1 2 1 1 1 1
10	3 7 5 1 2 3 1 2
11	3 5 1 3 7 2 2 6
12	3 5 2 1 1 1 3 2 5 1
13	3 7 2 1 1 5 7 1
14	2 11 1 1 13 1
15	3 8 1 2 2 5 1
16	3 9 1 1 1 1 5 4 1
17	3 9 4 1 8 3 1
18	3 3 3 1 1 2 11 3 1
19	3 2 3 1 2 2 5 6 3 1
20	2 2 3 10 2 9 4 3 1
21	3 2 3 7 2 2 7 3 3 1
22	3 2 2 7 2 1 3 4 9 1
23	3 3 2 7 2 2 3 4 3 3 1
24	1 1 2 1 6 3 1 6 3 1
25	3 2 1 5 5 2 1 2 2 3 1
26	3 3 1 4 7 1 1 1 1 2 1
27	3 2 3 3 5 1 1 3 1 2 1
28	3 3 4 8 1 4 1 2 1
29	3 2 5 7 2 2 1 1 2 1
30	3 2 7 6 1 1 1 1 1 1
31	2 10 5 2 1 2 1 1
32	3 2 8 2 1 1 2 2 1 1
33	3 2 8 4 1 7 1 1
34	3 3 11 1 6 1 1
35	3 3 13 6 1 1
36	3 5 5 1 3 6 1 1
37	1 11 6 6 8 3
38	1 2 7 8 1 12
39	1 2 2 1 2 5 1 12
40	1 2 2 2 1 2 2 12
41	2 2 2 1 2 2 1 13
42	2 2 2 1 2 2 16
43	2 1 2 1 1 2 14
44	2 2 1 2 2 7 5
45	1 2 2 1 2 7 5
46	2 6 2 6 5
47	2 6 2 5 5
48	2 4 5 5
49	2 5 5 4
50	2 1 4 5 4
51	2 1 3 9 4
52	2 4 5 5
53	2 7 6 4
54	2 8 6 7
55	6 6 6

카메라 앞에서 다양한 포즈를 취해요

C85

난이도 ●●●●●●●

Column clues (top to bottom):

Column	Clues
1	5 2 7 2
2	6 2 5 1 4
3	5 2 3 2 5
4	10 7 4 2 1 2
5	12 3 12 2 1 2
6	10 2 12 2 3 1
7	8 2 1 12 2 8
8	9 4 10 1 1 8
9	12 4 9 1 1 7
10	8 5 9 1 3 7
11	7 1 9 8 2 1 1 7
12	7 3 1 1 7 8 2 1 1 7
13	6 3 2 1 6 10 3 7
14	5 2 1 6 10 1 8
15	4 1 2 1 6 13 9
16	5 1 1 2 1 8 11 7
17	5 3 2 13 8 2 2 2
18	6 3 14 1 1 6 1 6
19	5 3 2 1 1 7 1 7
20	13 2 3 1 3 1 2 2
21	6 5 4 7 2 5 1
22	5 5 2 1 2 3 2 1
23	3 11 6 4 2 1
24	4 2 2 1 4 2 4 2 1
25	2 1 2 2 1 1 1 3 4 2 1
26	3 7 2 2 1 1 3 4 2 1
27	16 1 1 1 2 3 1 3 4 2 1
28	16 1 1 1 4 2 1 3 3 2 1
29	5 1 1 7 5 1 3 5 1
30	5 6 1 1 9 2 1 3 1 3 1
31	5 2 4 1 1 1 1 1 2 3 3 3 2 2
32	3 1 1 6 1 1 1 1 2 3 8 5 3
33	3 1 1 6 1 1 1 1 5 4 3 7
34	2 1 1 6 1 1 2 1 3 3 2 6
35	2 1 1 6 1 10 1 5
36	2 1 1 6 6 1 2 6 5
37	2 1 8 5 3 2 5 2 5
38	2 1 7 4 3 1 2 3 1 6
39	2 1 6 4 2 1 1 2 8
40	2 1 4 1 1 1 2 9
41	2 16 1 2 3 3 7
42	2 1 2 3 7 3 1 1 1 7 6
43	2 1 2 3 7 3 2 1 10 6
44	2 1 9 1 2 11 5
45	2 22 2 1 10 1 2
46	2 1 10 2 2 9 2 1
47	4 10 5 6 9 2 1
48	3 2 12 1 2 2 11 1 1
49	13 3 9 3 2 1 8 1 1
50	13 3 7 4 1 1 8 3 1
51	13 4 1 1 3 2 1 8 1 1 1
52	13 8 1 2 2 1 7 1 2 1
53	13 8 1 3 2 9 3
54	13 7 1 5 2 8 3
55	13 4 1 6 6 5

Row clues (left to right):

Row	Clues
1	8 29
2	12 29
3	13 7 9
4	16 5 3 7
5	10 5 19 7
6	9 5 2 1 1 7
7	9 4 2 8 3 1 7
8	7 2 2 2 3 3 1 7
9	6 3 3 2 2 1 8 1 1 7
10	3 2 2 2 2 2 1 8 3 1 7
11	3 1 2 2 2 2 10 3 1 7
12	5 1 2 1 2 10 3 1 7
13	7 2 1 4 2 10 1 1 8
14	5 2 5 5 2 7 1 2 2
15	5 2 3 6 2 7 4
16	4 4 2 4 28
17	2 13 2 2 19
18	2 3 3 25 5
19	1 3 4 1 15 4
20	2 3 2 2 1 4 10 4
21	1 3 3 1 13 14
22	1 8 1 1 2 1 7 3
23	1 8 2 1 2 4 3 6 2
24	5 8 5 2 1 2 2 2 3
25	5 7 5 7 3 2 1 8
26	3 6 2 1 2 1 2 4
27	3 5 2 5 2 1 2 4
28	3 5 1 3 2 3 3
29	4 1 2 1 2 2 2 3 1
30	5 1 9 2 2 6 5
31	7 3 9 3 1 3 6
32	20 1 8 5 8
33	17 1 3 6 2 2 2 3
34	21 4 2 1 2
35	2 17 2 2 1 2 2 2
36	2 15 2 3 2 3 2 1
37	1 14 5 4 1 1 1 2 2
38	1 1 13 2 3 1 2 2 2
39	4 9 10 1 3 6 1
40	2 4 3 2 2 7 2
41	2 2 3 3 3 1 14
42	2 2 5 11 1 14
43	5 10 3 14
44	6 2 1 15
45	4 2 2 14
46	3 3 7 3 18
47	1 4 3 15 2 13
48	3 3 6 9 11 7 1 1
49	16 2 1 5 15 2 1
50	2 11 2 1 2 12 2 1
51	3 16 4 17 2
52	3 14 7 2 9 2 3 1
53	12 2 5 1 7 3
54	9 2 2 6 1
55	7 12 9

나는 엄마, 너는 아빠, 인형은 아기

C86

난이도 ●●●●● ●●

가로	
1	3 1 2 2 3 2 11 2 2 3 3 1 6
2	2 3 7 7 1 2 14 1 5 2
3	4 1 3 9 1 2 1 2 6 11 1
4	2 3 4 5 1 1 4 4 4 2 1
5	5 1 11 6 4 1 2 2
6	1 4 3 1 6 1 14 3
7	3 2 10 2 2 1 1 15 2
8	2 1 1 1 5 6 4 2 6 4 4
9	20 2 6 4 4
10	3 4 9 4 2 6 6 6
11	12 10 2 1 9 4 2
12	2 3 2 5 5 1 8 8
13	15 5 2 1 8 6 3 1
14	5 7 1 5 2 7 4 9
15	1 10 3 4 2 1 13 1
16	4 9 1 12 1 9 7
17	8 6 7 2 10 6
18	1 13 8 14 4 2
19	1 9 9 7 7 3 3 5
20	17 11 7
21	1 15 3 8 3 5
22	1 19 2 7 3 5
23	8 8 1 1 1 5 3 6
24	7 7 1 1 2 4 13
25	6 7 1 2 19 4
26	7 10 1 1 9 10
27	7 8 2 1 1 20
28	1 6 9 2 2 1 17 2
29	21 2 1 2 12 4 2
30	13 7 2 1 1 5 9
31	4 8 3 3 6 1 5 11 2
32	11 5 11 3 9 2
33	13 7 1 5 5 5 8
34	13 7 1 1 6 5 8
35	6 16 1 11 8
36	3 1 1 1 7 5 14 8
37	1 6 13 1 4 7 3 3
38	3 2 1 1 11 1 5 5 2 2
39	2 3 3 11 1 6 4 3 2
40	3 3 13 1 5 4 4 3
41	2 2 1 12 2 6 1 9
42	1 1 17 2 6 9
43	3 1 8 1 2 4 2 2 1 6
44	7 4 2 2 2 2 1 2 4
45	8 2 1 2 2 3 1 2
46	7 2 3 2 1 4 3 7
47	9 1 6 2 3 3 1 2
48	1 3 3 5 1 1 3 5 2
49	3 2 4 5 2 3 2
50	1 2 2 5 4 2
51	1 5 1 4 1 4 2
52	1 3 1 1 2 4 2
53	1 1 4 3 1 2 3 2 1
54	1 2 1 3 2 4 1 1
55	1 12 1

세로	
1	1 5 4 5 4 14 5 5
2	5 8 2 5 8 4 5 1
3	1 1 3 3 7 18 1 8
4	3 2 2 9 15 1 3 5
5	2 3 7 14 8 2 5 1
6	2 1 30 4 1 4 1 1
7	3 3 1 20 2 8 1
8	2 1 18 8 4 1 3
9	3 3 1 6 5 8 1 3 2
10	2 7 10 7 10 1 2
11	3 1 16 9 12 2
12	2 15 3 3 12 5
13	4 4 3 8 4 11 3
14	14 14 9 2
15	1 5 5 1 15 11 2
16	3 7 3 13 11 1
17	12 1 26
18	6 7 5 9 4 6
19	9 4 27 3 1 2
20	3 38 1 2 1 2
21	4 15 17 4 2
22	2 2 2 5 1 6 3
23	1 2 2 2 1 4 14 2
24	2 1 3 1 2 6 2
25	1 1 2 1 1 1 2 1
26	4 1 2 1 1 1 10 9 1
27	2 1 2 1 1 1 2 10 3 1
28	1 1 1 1 1 2 3 3
29	2 2 2 1 2 3 1
30	3 3 2 2 1 2 4
31	3 1 2 2 3 2 3 3
32	1 1 1 1 7 6 5 2 2
33	5 1 6 2 1 5 4 2 2
34	14 2 1 8 2
35	13 4 1 10 1 1
36	3 5 4 6 19 1 1 1
37	13 21 5 1 2 1
38	12 21 4 2 2 1
39	2 1 3 3 16 5 3 2 2 1
40	7 3 4 12 6 2 6 1
41	3 7 9 5 5 2 4 1
42	9 9 8 9 1 2 1
43	1 7 8 9 8 1 2 2 1
44	4 3 5 1 19 2 1 1 1
45	1 5 4 2 4 11 1 4 2
46	2 2 1 1 1 2 11 2 1
47	3 2 4 2 1 9 4 2 1
48	4 1 2 5 15 1 2
49	4 6 1 1 19 5 2
50	3 3 5 1 15 4 1 2
51	1 9 6 4 6 3 1 2
52	3 10 11 6 4 1 2 1
53	2 5 3 2 9 5 5 1 2 1 1
54	1 8 16 18 1
55	3 1 2 2 4 3 5 17

사막 여우야, 내가 사는 별에는 장미가 한 송이 있어

C87

난이도 ●●●●●●●

Row clues (top to bottom):

1. 3 6
2. 3 11
3. 3 14
4. 3 15
5. 55
6. 55
7. 4 3 13
8. 34 18
9. 4 1 1 1 1 11 1
10. 4 1 1 1 1 4 2 8 1
11. 4 1 1 1 1 3 2 8 1
12. 4 1 1 1 1 1 1 8 1
13. 5 1 1 1 1 1 1 10 1
14. 13 10 7 1 12
15. 37 12
16. 6 2 9
17. 3 2 1 1 6
18. 4 8 4 1 6
19. 6 1 1 2 2 1 5
20. 7 1 6 2 3 5
21. 7 3 2 4 2 4 4
22. 2 4 1 2 3 6 6 4
23. 3 2 7 2 2 3 4
24. 3 2 3 4 3 1 3 1 2
25. 3 4 2 2 4 6 1 2
26. 4 3 3 1 4 5 1 2
27. 3 2 2 1 4 2 3
28. 3 1 3 3 2 3 7
29. 4 1 2 2 1 3 2 7
30. 4 7 2 2 1 2 2 1 7
31. 16 2 1 1 2 7
32. 16 1 1 1 2 5
33. 16 2 2 2 2 4
34. 16 1 7 2 1 3
35. 15 1 1 3 2 1 1 3
36. 15 1 1 6 1 1 3
37. 15 2 2 2 4 4
38. 7 4 13 1 5 2
39. 6 15 1 2 1
40. 3 16 1 1
41. 3 1 2 1 1 3 1
42. 2 1 1 4 2 1 2 1
43. 1 1 4 1 1 1 2 2 1
44. 2 9 1 1 4 2 2
45. 2 2 1 1 1 4 3 2
46. 2 6 1 1 2 5 4
47. 1 4 1 2 1 1 9 3
48. 1 2 1 1 1 3 10 1
49. 1 2 2 2 1 2 10 1
50. 1 2 1 2 1 2 2 1
51. 1 6 6 1 10 9 1 1 3
52. 15 4 8 9 8 3
53. 14 15 8 10 3
54. 13 15 8 12 3
55. 12 15 9 10 4

Column clues (left to right, each read top to bottom):

1. 16 4 10
2. 16 5 6 3 4
3. 16 4 17 2 4
4. 12 5 16 9
5. 2 1 4 22 3 5
6. 2 1 3 21 2 5
7. 2 1 2 7 9 4 5
8. 2 1 2 8 1 7
9. 2 1 2 8 2 5
10. 2 1 2 8 6 4
11. 2 1 2 8 4 2 4
12. 2 1 2 9 1 6
13. 2 8 9 1 4
14. 2 1 1 9 1 3 1
15. 2 1 1 9 2 2 2
16. 2 8 7 7 2 1 3
17. 2 1 2 1 14 2 5
18. 2 1 2 2 2 5 6 4
19. 2 1 2 4 9
20. 2 1 2 2 1 4
21. 2 1 2 4 2 1 3
22. 2 1 2 3 1 1 2 9 3
23. 2 1 2 2 2 3 3 4 3
24. 2 1 2 1 2 1 4 3 5
25. 2 8 2 1 3 4 5 5
26. 2 1 1 1 1 1 8 5
27. 2 1 1 5 2 3 3 5
28. 2 8 2 2 4 3 5
29. 2 1 2 2 4 3 4
30. 2 1 2 7 3 3 1
31. 2 1 2 1 1 1 3 2 2
32. 2 1 2 1 1 2 3 1 3
33. 4 3 1 1 1 2 3 4
34. 9 2 1 1 2 4 3 5
35. 5 2 2 1 6 2 3 2 5
36. 4 2 3 2 1 2 7 3 5
37. 6 1 2 2 2 1 4 3 5
38. 7 1 3 2 1 4 3 5
39. 10 1 4 4 3 4 3
40. 13 3 2 2 2 6 2 2
41. 9 9 2 13 2 2
42. 9 1 9 3 7 1 3
43. 14 12 2 5 3
44. 17 6 1 4 4
45. 16 1 6
46. 15 2 4
47. 15 4 1 4
48. 15 3 2 1 4
49. 14 7 4 5 4
50. 2 1 10 8 3 6 3
51. 2 1 8 5 3 2 10
52. 2 1 10 7 2 2 1
53. 2 1 2 21 2 5
54. 2 8 21 2 5
55. 2 1 1 4 17 5

어서 밥을 달라냥!

C88

난이도 ●●●●●●●

10
12
14
6 6
10 3
3 9 2
8 2 1
16
22
22
21
21
20
5 3 17 3
9 4 16 4
4 8 5 14 4
3 12 7 13 1
2 4 3 5 8 9 4
3 2 2 3 1 3 12 5 8
5 2 3 1 2 15 4
6 4 1 1 2 17
6 2 2 1 2 1 2 5 2 1
7 5 1 2 3 1 2 2 2
1 2 3 1 2 2 4 2 2 2 9
5 3 3 2 2 2 1 4 6 2
2 6 1 7 2 2 3 3 2 2
2 4 4 2 2 2 1 1 2 2
9 2 3 1 1 2 2 3 2 2
9 2 3 1 2 5 6 1
3 1 5 1 1 3 2 3 1 2
3 2 1 4 2 3 2 2 2 2
4 4 5 3 2 2 2 2 7
2 2 4 1 7 2 2 2 10
1 17 2 3 2 2 13
2 9 3 2 3 22
2 12 5 7 3 4 5
12 11 3 6 5
6 10 5 2 2 4
8 7 1 2 3
7 7 3 1 3
5 11 1 2 3
4 10 2 2 4
3 10 6 5
3 11 4 5
2 21
22
17 4
3 1 3 8
7 2 2 2 7
13 4 4 1 6
17 1 5 1 6
11 1 2 1 2 2 6
4 4 2 2 1 7
1 3 2 1 2 8
3 8 9

9
5 9
9 8
17 2
2 4 5 3 1
2 7 6 3 1
6 7 2 2 2
2 2 1 3 3 7
5 2 2 3 7
4 1 9
4 3 5 6
8 5 5
4 2 2 2 4 1
7 1 7 4 2
2 2 5 2 4 2 2
2 2 1 2 2 1 1 2 2
2 2 3 2 1 2 3
6 6 3 3
1 4 3 3
1 2 3 3
2 2 2 2 2
1 5 2 2
2 3 3 3
2 5 3
2 3 4 3
3 9 2 6 2
4 6 2 6 2
4 2 2 7 2
6 3 2 10 2
8 4 1 10 3
8 2 2 2 10 3
10 1 2 1 5 2 5
4 6 1 3 2 4 9 3 1
8 4 5 4 4 11 1
11 6 1 2 2 5 9 1 2
12 4 2 1 5 8 5
12 4 1 1 2 2 9 1 3
13 4 1 1 2 2 10 1 2 1
1 12 2 3 3 2 10 4 1
1 12 2 2 2 3 12 2 3
2 12 2 4 2 5 7 6
3 13 3 2 2 5 7 2 1
4 12 1 2 2 3 3 4 5
5 12 1 2 3 2 2 1 2 4 2 1
5 14 4 2 7 4 1
6 16 2 5 7 4
3 2 10 1 2 5 5 4 1
3 2 9 2 1 5 6 2
3 1 8 1 1 7 5 2 3
4 1 6 1 1 4 2 2 2 8
4 2 5 1 1 1 6 3 4 8
4 1 4 2 2 1 7 4 9
5 3 3 2 1 14 9
6 2 3 2 1 13 9
7 1 2 3 1 13 8

윙 가르디움 레비오사!

C89

난이도 ●●●●●●●●

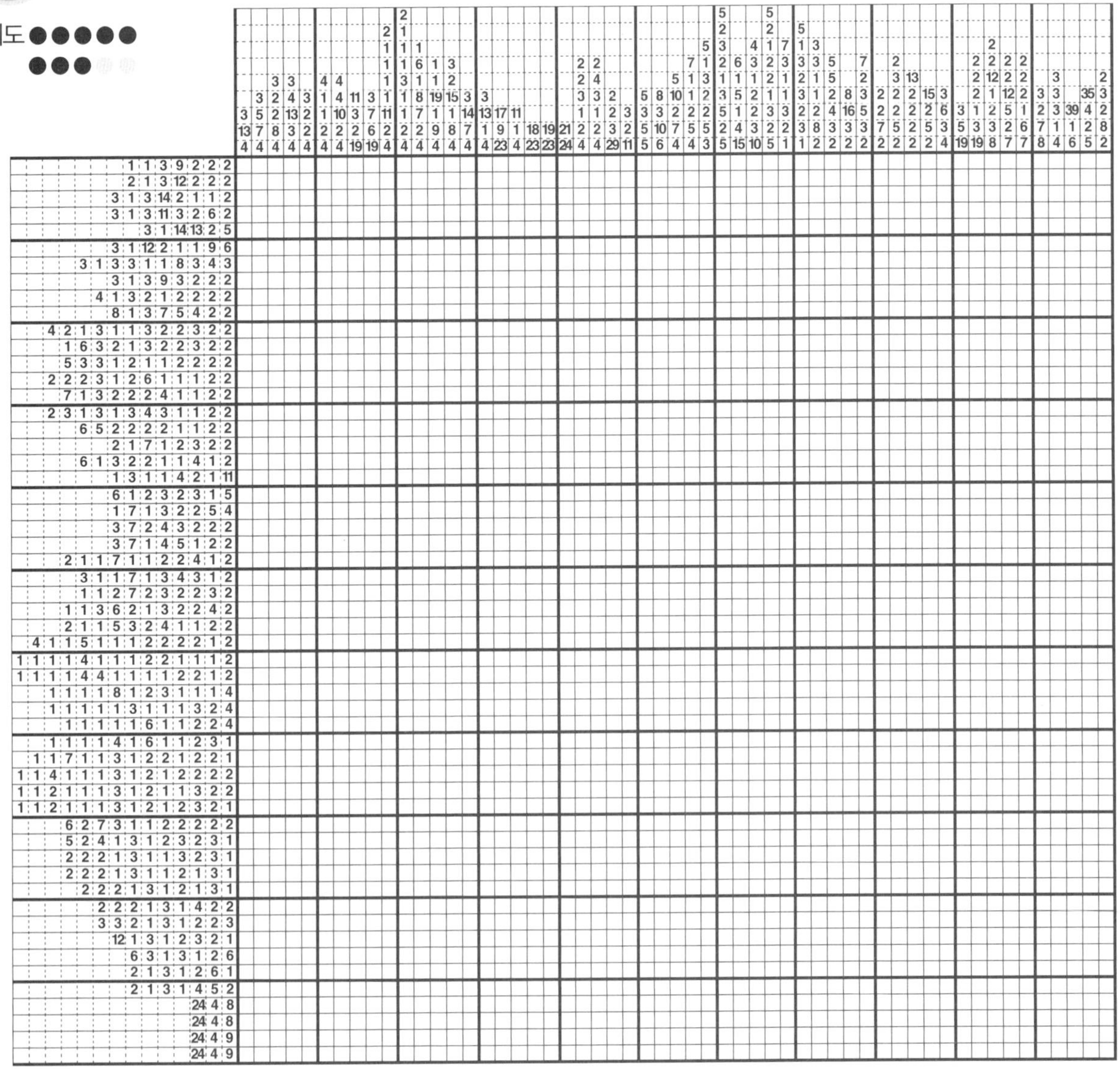

호그와트 마법 학교의 교장 선생님

C90

난이도 ●●●●●●●●

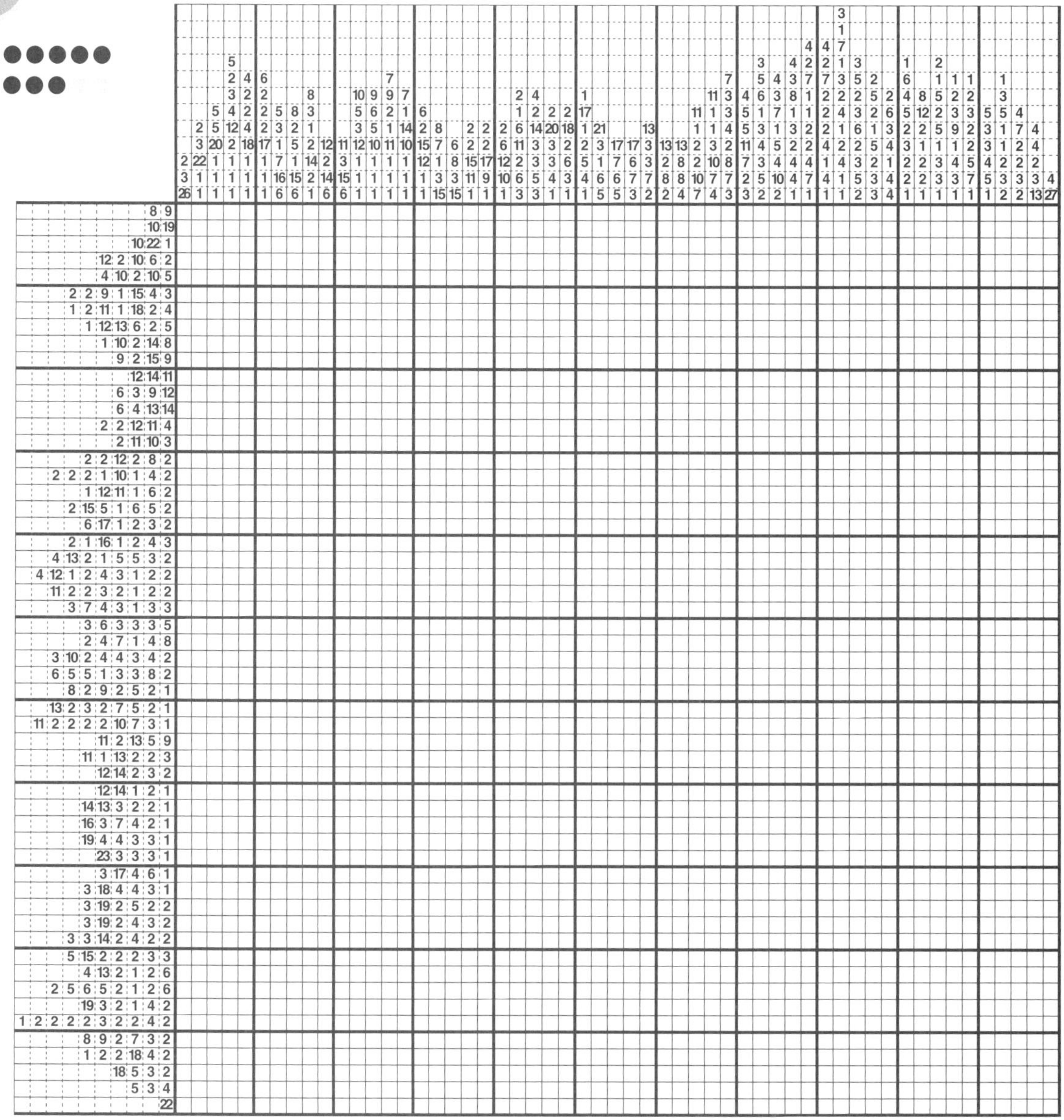

길들인 매가 대신 사냥을 해와요

C91

난이도 ●●●●●●●●

Column clues (left to right, top to bottom)

Column	Clues
1	4 8 9 8 10 6
2	4 8 9 8 10 6
3	4 8 39
4	4 8 9 2 1 2
5	4 8 5 3 1 1
6	4 8 4 5 1 1
7	2 4 1 1
8	2 1 3 1 1
9	19 2 3 2 1
10	18 2 2 1 2
11	2 3 2 1 2
12	6 5 3 1 1 1 10
13	10 2 3 3 2 1 1 2
14	7 7 3 6 1 2
15	7 3 3 1 2 1 3
16	8 4 3 2 3 3 1 2
17	9 4 1 2 3 2 2 1 4
18	6 1 2 2 3 1 7 9
19	5 1 2 2 1 4 3 8
20	7 1 1 1 14 7
21	6 3 1 6 13 7
22	5 3 2 3 15 4
23	4 2 1 1 1 3 12 1 3 1
24	3 3 1 1 7 1 5 3 3
25	6 4 2 2 2 5 1 3 5
26	5 3 3 5 6 3 7 7
27	14 2 1 3 3 6 9
28	7 5 2 2 10 5 1
29	4 1 2 11 1 7 1
30	1 2 17 1
31	14 4 2
32	19 2 3 4 9
33	6 2 4 6 6
34	16 5 2 1 2 1 5
35	17 2 1 1 1 1 3
36	2 2 2 6 5 1
37	2 2 2 3 3 9 1
38	4 5 2 4 3 1 1
39	2 4 1 2 3 2 1 4 2
40	4 9 5 2 3 12
41	4 7 16 4 5
42	1 4 12 5 6 8
43	2 4 2 6 7 1 1 1 1 3
44	4 4 1 2 7 3 2 2 1 1 3
45	4 8 2 8 3 2 1 2 1 2
46	9 2 8 2 1 2 1 2 2
47	2 11 2 2 1 1 1
48	1 2 2 14 2 2 2 1
49	4 3 2 2 9 4 3 1
50	4 9 2 1 5 5 9 4 1
51	2 9 2 1 7 3 1 2 13 1
52	2 5 2 1 7 2 1 2 14 1
53	2 1 4 2 1 7 1 1 2 16
54	4 7 2 1 7 1 1 2 16
55	4 7 2 1 7 1 1 2 16

Row clues (top to bottom, left to right)

Row	Clues
1	6 2 13 1 2 8 7
2	6 2 15 1 2 4 3 7
3	6 2 16 1 2 1 2 2 2 2
4	6 2 11 5 1 2 1 2 2 3 3
5	2 11 6 1 2
6	2 7 2 3 3 1 2 1 1 1 3
7	6 2 6 2 2 3 1 2 4 2 5
8	6 2 3 2 2 1 2 10 8
9	6 2 2 1 1 5 2 1 2 10 8
10	6 2 2 2 2 2 3 1 2 9 6
11	6 2 4 2 3 1 2 7 2 2
12	6 2 2 2 1 1 1 2 2 2 2 2
13	6 2 1 2 3 2 1 2 2 2 2 2
14	6 2 1 1 2 3 1 2 2 3 2 2
15	2 2 2 3 1 1 1 2
16	6 2 2 1 1 22
17	6 4 2 3 3 2 2 21
18	6 3 1 1 2 4 2 4 3
19	9 1 2 9 4 4
20	7 1 1 2 5 1 3 5
21	5 1 2 1 1 1 4 7 2 7
22	4 3 1 2 1 1 2 4 3 2 2
23	4 3 1 1 2 1 2 2 8 5
24	4 1 1 2 1 3 1 10 6
25	4 2 1 1 1 1 2 1 9 6
26	1 1 3 2 2 1 4 8 6
27	1 2 8 2 4 3 8 6
28	3 1 1 7 3 2 1 6 6
29	3 2 2 4 2 2 2 1 5 5
30	3 1 1 4 1 2 2 5
31	4 3 2 4 2 3 4 9
32	5 2 2 4 1 2 2 1 8
33	3 2 2 1 4 2 2 3 1 1 1 8
34	3 2 5 1 4 1 3 3 3 4 3
35	3 1 3 3 1 6 2 3 8
36	1 2 11 1 9 1 1
37	1 2 5 2 5 1 2 7
38	3 2 7 1 5 3 7
39	3 2 3 1 4 2 1 1
40	3 2 3 4 1 2 6
41	3 1 7 1 3 8
42	3 2 3 1 1 1 4 9
43	3 2 1 3 1 1 2 3 7
44	3 3 1 1 2 2 6 8
45	3 4 2 2 5 3 3 6
46	3 4 3 2 1 1 2 1 5 5
47	9 1 4 4 1 2 3 1 5
48	1 1 3 1 3 1 1 1 2 5
49	1 1 5 2 4 1 4 1 1 6
50	3 1 7 4 2 2 1 1 7
51	3 1 6 5 6 3 8
52	3 1 5 4 3 2 3 9
53	3 2 5 4 5 5 4
54	4 2 4 4 5 8 3
55	10 4 33

아픈 동물을 치료해줘요

C92

난이도 ●●●●●●●●

가로 (rows)

행	단서
1	7
2	9
3	9
4	10
5	4 1 4 3
6	3 2 1 3 2
7	10 1 4 2 2
8	8 2 2 6 2 3
9	15 8 6
10	7 3 5 4
11	9 3 6 5
12	9 3 4 7
13	10 2 5 3 1
14	1 7 2 4 1 3 1
15	1 6 6 1 3 3 1
16	1 5 4 1 4 2 2
17	2 5 4 3 2 1
18	2 2 2 2 1 2 2 1
19	4 2 6 3 2 2 1
20	2 5 11 3 5
21	5 6 3 1 5 1 8
22	3 3 3 7 2 1 11 1
23	8 2 4 1 2 1 8 2 1
24	7 2 3 3 2 1 1 2 3
25	6 2 2 8 1 1 2 2
26	6 2 7 1 1 3
27	6 2 7 2 2
28	5 3 6 2 3 1
29	4 1 8 4 2 1
30	4 1 14 3 4
31	4 1 11 9
32	4 1 8 8
33	4 1 3 3 11
34	4 1 3 2 3 4
35	4 2 2 3 3 7
36	3 1 5 4 4 1
37	3 2 3 5 4 9 1
38	3 2 2 12 5 1
39	2 1 1 2 2
40	2 2 2 1 2
41	7 31 7
42	3 4 2 3
43	4 34 8
44	1 5 1 1 1 1 1 4 1
45	1 6 1 1 1 1 2 2 1 1
46	1 2 4 1 1 1 1 1 3 1 1
47	1 2 4 1 1 1 1 3 3 1 1
48	1 1 4 1 1 1 1 3 4 1 1
49	1 1 4 1 1 1 1 7 1 1
50	3 1 3 24 4 8
51	2 2 4 25 3 10
52	1 3 5 26 12
53	1 3 6 41
54	1 4 5 42
55	6 4 43

세로 (columns)

열	단서
1	9 1 5
2	13 1 2 1
3	13 1 1 1 2
4	12 10 3
5	10 2 4
6	7 2 4
7	14 2 2
8	6 6 6 3
9	3 2 3 4
10	2 2 5
11	2 12
12	2 12
13	2 12 1
14	1 8 2
15	2 3 5
16	4 4 6
17	1 8 4 1 6
18	1 8 3 1 1 6
19	5 2 3 4 1 1 6
20	3 2 3 3 4 1 1 6
21	3 8 4 1 1 1 13
22	5 7 7 2 1 1 6
23	6 5 9 1 1 13
24	7 3 10 1 1 1 6
25	8 2 9 1 1 1 6
26	10 7 3 2 1 1 6
27	11 4 7 1 1 1 6
28	12 3 9 1 1 6
29	3 4 2 9 1 1 6
30	3 1 3 1 3 3 1 1 6
31	7 8 2 2 1 1 6
32	13 7 3 1 1 1 6
33	15 2 3 1 1 1 6
34	5 1 1 2 2 10 1 1 1 6
35	4 4 4 1 1 1 13
36	9 5 1 2 1 1 6
37	4 1 1 5 2 1 2 1 13
38	4 2 5 4 3 1 1 6
39	5 1 4 3 1 3 1 1 6
40	6 5 2 1 2 1 1 4
41	1 4 2 2 3 1 1 5 3
42	1 4 2 3 2 1 1 5 3
43	3 3 3 2 1 1 7 3
44	3 4 2 6 3 5 2 4
45	3 2 6 3 6 2 4
46	3 10 4 3 5
47	3 4 2 2 5 4 5
48	2 6 4 5 7 6
49	1 2 4 4 6 8 6
50	1 2 2 1 8 14 6
51	1 6 2 3 2 1 1 1 13
52	3 4 2 2 1 1 1 1 1 6
53	2 5 2 2 1 1 1 1 13
54	6 6 2 1 1 1 6
55	3 4 5 1 1 1 1 6

기수가 말을 타고 달려요

C93

난이도 ●●●●●●●●●

Row clues (top to bottom)

1. 6 7 7 5
2. 3 2 5 2 4 3 7 2
3. 6 10 7 3 3 2 2
4. 2 2 7 2 7 8 1 1
5. 1 1 2 4 2 5 1 1 6 5 2
6. 1 3 2 2 2 2 5 9
7. 1 1 5 5 5 2 2 3
8. 2 2 9 3 2
9. 6 11 1 2
10. 6 8 2 4 3 2 1
11. 2 3 8 2 6 1 1 2 1
12. 2 3 5 1 8 2 3 4
13. 2 3 4 2 3 8 9 3
14. 2 2 1 1 2 3 8 3 6 5
15. 1 2 1 1 2 1 2 2 2 5 5
16. 1 3 2 3 1 4 2 3 1 4 1 2
17. 3 3 2 2 3 1 1 3 3 3 3 1 2
18. 3 2 2 3 2 4 3 2 4 1 2
19. 3 8 4 5 1 1 1 2 1 2
20. 4 2 2 2 6 4 1 4 5 1 2
21. 3 5 7 1 1 3 2 2 5 1 2
22. 3 4 2 2 2 1 4 3 2 5 1 2
23. 2 3 2 2 2 1 2 1 2 8 1 2
24. 2 4 5 2 8 2 1 1 2 1 1
25. 1 4 3 6 1 2 3 2 2 2 1
26. 1 4 3 2 2 2 1 3 1 4 2 4 2 1
27. 4 6 2 2 1 1 7 3 2 1 2
28. 5 9 2 1 4 1 1 2 1 2
29. 5 7 2 1 4 2 1 2
30. 16 2 2 1 2 2 1 2
31. 18 5 4 2 2
32. 25 1 1 2 3 3
33. 17 1 1 7 2 1 3
34. 13 1 10 4 3 1 2
35. 1 8 1 3 5 3 2 2 2
36. 1 3 5 5 11 2
37. 1 3 5 5 11 1
38. 1 3 1 1 1 12 1
39. 4 3 1 3 14 1
40. 5 2 2 1 1 1 14 1
41. 2 2 4 3 4 4 16 1
42. 1 2 2 8 2 1 1 2 16 1
43. 1 5 10 3 24
44. 2 2 2 4 2 2
45. 4 4 2 4 4 4 2
46. 2 2 2 1 1 15 2 8
47. 1 4 1 2 2 11 2 4 1 2 2
48. 1 2 2 4 1 11 2 2 2 1 1 1
49. 2 2 5 1 9 2 2 7 3
50. 11 3 3 5 3 6 1
51. 10 9 8 4 4 2
52. 1 10 4 17 3 6 3
53. 1 10 3 17 4 4
54. 1 9 3 15 5 6
55. 2 7 5 11 19

Column clues (left to right, top to bottom)

1. 14 7 9 4
2. 2 7 7 2 3 2 1
3. 2 2 7 1 1 5
4. 3 12 10 2 3 7
5. 3 9 13 5 10
6. 1 2 6 19 2 2 6
7. 1 5 13 1 1 1 6
8. 1 1 6 2 8 1 3 10
9. 2 2 5 2 1 6 8 8
10. 4 6 1 3 3 6 2 1 7
11. 2 8 6 3 6 1 1 7
12. 3 6 2 4 3 6 2 10 1
13. 3 5 2 1 3 14 3 1 2
14. 3 5 2 1 1 17 4 2 5
15. 3 5 2 1 17 6 5
16. 3 4 3 1 4 7 2 3 1
17. 2 2 3 5 8 2 2
18. 5 4 2 2 2 8 3 2
19. 6 9 1 2 5 3 7
20. 2 2 5 1 11 1 2 5
21. 1 1 7 3 2 1 2 4
22. 1 1 5 2 2 6 7 5
23. 1 1 6 1 2 1 4 2 6 4
24. 2 4 2 8 7 1 4 1 5 4
25. 5 4 1 2 1 1 1 1 4 4
26. 3 5 2 3 1 12 4 4
27. 3 5 1 1 3 1 4 1 1 4 4
28. 3 5 1 1 3 1 10 4 4
29. 4 5 2 3 1 5 1 4 4
30. 4 5 2 1 5 5 1 5 4
31. 6 8 4 5 2 6 5
32. 2 2 5 2 1 1 7 5
33. 1 1 7 2 1 1 1 2 5
34. 1 1 11 4 1 9
35. 1 1 6 5 2 1 7
36. 2 2 3 1 1 1
37. 5 8 2 1 2 3 3 1
38. 3 4 2 2 6 2 5 8
39. 3 4 2 1 2 2 2 9 4 4
40. 3 1 1 3 5 1 8 1 1 3
41. 3 1 2 1 2 1 2 2 8 2 2 3
42. 3 1 3 2 1 1 2 3 8 4 1 2
43. 4 5 2 2 2 2 9 1 4 1
44. 6 5 2 2 10 1 4 1
45. 2 2 8 3 2 1 8 1 4 1 1
46. 1 1 6 5 2 2 8 1 1 1 1
47. 1 5 7 3 2 8 2 1 1 1
48. 2 3 2 4 2 2 9 2 4 1
49. 6 2 1 10 7 7 1
50. 2 2 1 1 6 2 2 2
51. 1 2 7 5 1 2 2
52. 1 2 2 16 3 1 1 3
53. 2 3 3 9 1 2 2 4
54. 2 3 10 9 1 3 5
55. 5 13 12 7

너의 첫 번째 생일을 축하해!

C94

난이도 ●●●●●●●●●

세로 (columns, left to right):

1. 4 1 2 1 2 26
2. 4 1 2 1 2 28
3. 1 1 6 2 3 20
4. 4 1 1 2 2 19
5. 4 1 5 5 1 17
6. 4 1 1 6 1 3 5
7. 4 1 11 2 2 4 2
8. 15 2 8 2
9. 15 4 2 1
10. 14 11 2 3
11. 16 3 1 6 2 5
12. 7 7 2 5 12
13. 7 1 7 4 6 2 4
14. 10 6 1 2 2 2 2 4
15. 11 1 5 2 2 3 2 2 3
16. 7 3 2 5 1 2 2 2 1 5 3
17. 7 1 2 5 2 1 2 1 2 2 2 3
18. 6 2 5 2 2 1 3 1 3
19. 5 4 8 1 2 2 2 3
20. 4 3 10 2 2 1 1 3
21. 5 3 4 12 2 1 2 4
22. 5 1 13 6 1 1 4
23. 17 11 1 1 1 2 4
24. 11 3 2 2 1 1 1 2 4
25. 1 6 1 4 4 4 2 1 2 5
26. 1 1 1 2 3 3 1 2 2 2 1 10
27. 1 1 1 2 6 1 1 1 2 10 5
28. 14 2 2 1 4 1 11
29. 2 2 3 1 15
30. 16 8 1 14
31. 15 8 1 13
32. 5 2 2 12
33. 5 2 4 1 4 1 1 11
34. 9 2 4 1 1 1 2 2 11
35. 5 2 2 6 1 2 2 7
36. 6 3 3 1 5 1 3 4
37. 6 1 2 1 2 2 2 5 7
38. 8 1 2 3 7 5
39. 9 1 3 1 12 3
40. 12 2 9 12 3
41. 12 2 10 14
42. 10 3 7 2 13
43. 11 2 9 3 14
44. 16 4 17
45. 15 4 15
46. 14 2 1 16
47. 13 2 2 19
48. 15 2 3 15
49. 10 2 2 4 14
50. 7 1 2 5 14
51. 9 1 6 13
52. 9 2 11
53. 8 1 3
54. 6 2 3
55. 4 2 3

가로 (rows, top to bottom):

1. 2 4 9 1 2
2. 2 4 13 1 2
3. 2 4 14 1 2
4. 28 2
5. 12 4 1 2 3
6. 18 7 2 9
7. 10 3 1 2 12
8. 2 5 2 3 1 2 14
9. 3 5 5 6 1 2 16
10. 1 7 3 3 3 1 2 17 3
11. 1 1 5 2 3 3 1 2 22
12. 1 1 5 1 3 1 2 23
13. 1 1 5 2 3 1 2 2 18
14. 12 4 8 2 2 17
15. 8 2 4 2 4 2 13
16. 14 12 3 2 11
17. 9 19 1 1 2 10
18. 5 9 4 1 7 2
19. 3 12 2 2 6
20. 2 13 1 2 1 2 2
21. 2 2 11 2 3 6
22. 1 1 5 1 1 1 3 3 3
23. 2 1 5 1 1 8 2 2
24. 2 3 1 1 1 5 1 1 4 3 1
25. 2 2 4 4 1 2 2 3 8
26. 2 3 2 2 1 1 4 1 3 3 2
27. 2 2 2 1 1 2 5 1 8 1
28. 2 3 3 4 6 6 1
29. 2 3 3 5 3 2 5 1
30. 2 3 4 9 8 4 2
31. 3 4 3 1 5 2 4 2
32. 3 8 1 6 4 3 1
33. 4 7 2 2 6 1 3 2
34. 4 2 1 2 1 6 2 2
35. 4 1 1 2 1 9 1
36. 5 2 4 2 2 2 2
37. 6 2 2 2 2 2
38. 6 3 6 1 1 2
39. 7 2 1 4 1 2 1
40. 5 2 1 3 7 1 2
41. 5 2 3 3 5 5
42. 5 3 2 6 4 6 8
43. 5 1 2 1 1 5 15
44. 5 1 2 2 10 15
45. 5 1 5 8 15
46. 5 1 3 2 12 15 2
47. 5 2 1 3 9 17
48. 5 1 1 3 12 17
49. 7 1 15 1 14
50. 6 1 1 8 1 13
51. 3 2 3 7 2 13
52. 2 4 7 10 12
53. 2 18 24
54. 2 18 24
55. 20 24

아프지 않게 미리 대비해요

C95

난이도 ●●●●●●●●

Row clues (top to bottom)

1. 6 31
2. 8 1 1
3. 10 1 29 1
4. 6 1 1 3 4 1 1 1 3 1 1
5. 4 2 1 3 5 1 4 5 1 1
6. 2 1 1 2 1 3 6 1 1 2 3 1 1 1
7. 2 1 1 1 1 3 2 5 1 2 3 1 1 1
8. 2 2 1 3 2 4 1 2 3 1 1 1
9. 2 2 1 3 2 3 1 2 3 1 1 1
10. 11 1 3 2 3 1 2 3 1 1 1
11. 2 10 2 1 29 1
12. 2 8 4 1 1
13. 1 2 4 2 1 1 29 1
14. 1 3 4 1 5 1 1 3 1 1 2 2 3 2 2 1
15. 1 3 1 1 8 1 3 3 2 2 4 2 2 1
16. 1 5 1 1 9 1 3 1 1 2 2 5 2 2 1
17. 1 1 2 1 13 3 1 1 2 2 2 3 2 2 1
18. 2 1 1 1 6 6 3 1 1 2 2 2 5 2 1
19. 2 1 1 1 4 4 3 1 1 2 2 2 4 2 1
20. 5 2 1 3 2 2 3 3 1 1 2 2 2 3 2 1
21. 5 1 4 1 31 1
22. 1 3 1 2 2 1 1 2 1
23. 2 7 2 3 2 29 1
24. 1 1 1 2 3 1 1 1 2 2 2 1 1
25. 1 1 1 11 3 1 2 3 2 1 1
26. 2 1 1 4 2 2 3 1 2 1 1 2 1 1
27. 2 2 1 2 2 2 1 3 1 2 2 1 2 1 1
28. 2 3 1 1 2 2 1 3 1 2 2 1 2 1 1
29. 3 2 1 1 1 3 3 4 3 1 1 2 1 1
30. 1 2 2 1 1 1 9 4 3 2 1 2 1 1
31. 1 3 1 1 1 10 4 3 1 1 2 1 1
32. 1 1 6 5 4 28 1
33. 8 1 1 13 8 1
34. 15 4 4 28 1
35. 10 2 8 2 4 5 2 1 1 1
36. 7 1 3 3 2 3 4 2 2 1 1
37. 5 9 1 4 8 1 1 3 2 1 1 1 1
38. 5 1 2 1 4 2 3 2 1 1 1 8 1 1 1
39. 2 1 1 1 2 2 2 2 2 3 3 3 1 1
40. 3 2 3 2 5 3 2 3 2 1 1
41. 3 2 1 2 2 9 4 6 3 1
42. 7 1 2 2 11 13 1 2 1
43. 2 2 1 23 8 9 1
44. 1 7 8 3 1 6 3 1 1
45. 2 1 1 6 2 1 1 1 3 3 4 1 1
46. 1 2 1 6 1 1 1 1 2 2 2 2 3 1 1
47. 1 1 10 1 1 1 1 1 1 2 1 2 2
48. 1 2 1 5 1 1 1 1 1 2 2 1 3 1
49. 1 2 1 5 1 1 1 1 1 3 2 4 1
50. 1 10 1 1 1 1 1 2 2 3 1
51. 1 1 2 1 2 1 1 3 2 4 1
52. 1 1 1 1 1 1 1 3 3 8 1
53. 1 8 1 2 2 1 2 6 3 1
54. 15 8 6 2 9
55. 16 14 2 7
56. 13 7 4 2 2 2 2
57. 1 10 5 1 2 4 2
58. 1 9 10 2 4
59. 1 5 2 1 3
60. 3 12

Column clues (left to right, top to bottom)

1. 5 5 6 9 5
2. 2 2 2 9 3 3 1
3. 2 2 4 6 4 2 7
4. 2 1 1 2 9 2 2 7
5. 5 1 3 2 4 1 7 1 2 7
6. 7 14 2 4 1 2 1 7
7. 5 9 2 2 4 2 1 2 1 7
8. 6 4 2 1 2 3 2 1 1 6
9. 4 3 1 3 2 2 2 4 14
10. 4 2 4 3 19 2 1 1 6
11. 3 4 2 1 1 1 4 2 6
12. 3 1 6 1 1 1 1 13 4
13. 2 2 7 1 1 1 1 2 7 3
14. 6 2 19 1 1 2 8 2
15. 4 1 3 3 9 2
16. 2 2 3 2 1 2 8 4
17. 2 2 2 3 2 1 3 3
18. 11 2 1 5 2 2
19. 6 1 3 4 6 2 2
20. 8 11 1 2 7
21. 5 13 1 3 2 4
22. 5 1 2 10 3 2 3
23. 5 1 2 1 8 7 2
24. 4 1 1 1 2 1 3 4 2
25. 5 1 2 1 7 2 7 3
26. 5 1 12 2 3 3 4
27. 5 12 5 3 2
28. 24 5 4 2 2
29. 1 6 2 1 10 2 3
30. 1 9 9 6 1 7 7 1 1
31. 1 9 1 1 1 6 1 5 5 1
32. 1 9 9 1 8 1 2 1 3 1 1
33. 1 1 1 9 1 8 2 1 1 3 2 3
34. 1 9 9 10 4 1 2 1 2 1 1
35. 1 9 1 1 1 1 2 1 1 1 2 2 1
36. 1 4 1 9 10 1 1 5 3 1 3 1
37. 1 5 1 1 1 1 4 1 1 1 3 3 2 1 1
38. 1 1 4 1 9 1 1 7 1 5 1 1 2 3
39. 1 1 6 1 1 6 1 10 4 2
40. 1 1 5 1 1 3 7 5 2 1
41. 1 9 9 1 4 4 2 4 2 1
42. 1 1 1 9 1 4 4 1 5 1 2
43. 1 9 1 1 3 3 3 12 2
44. 1 1 1 1 9 13 2 12 2
45. 1 1 7 9 1 4 2 4 1 2
46. 1 9 1 1 1 5 4 2 1
47. 1 1 1 9 20 2 1
48. 1 9 9 10 9 4 2
49. 1 9 4 1 1 1 4 1 3 4 2
50. 1 9 1 3 1 1 1 1 6 2 5
51. 1 1 1 1 1 3 1 1 1 5 3 1 2
52. 1 1 7 1 3 1 1 1 5 4 2 2
53. 1 1 1 1 4 1 1 1 1 1 5 2
54. 1 1 1 9 1 1 6 1 3 2
55. 1 1 1 9 1 1 1 1 2 1 2
56. 1 1 1 1 1 1 1 1 5 1 2
57. 1 1 1 9 1 1 1 3 1
58. 1 9 9 10 21
59. 1 1
60. 45

조용히 책을 읽는 장소

C96

난이도 ●●●●●●●●

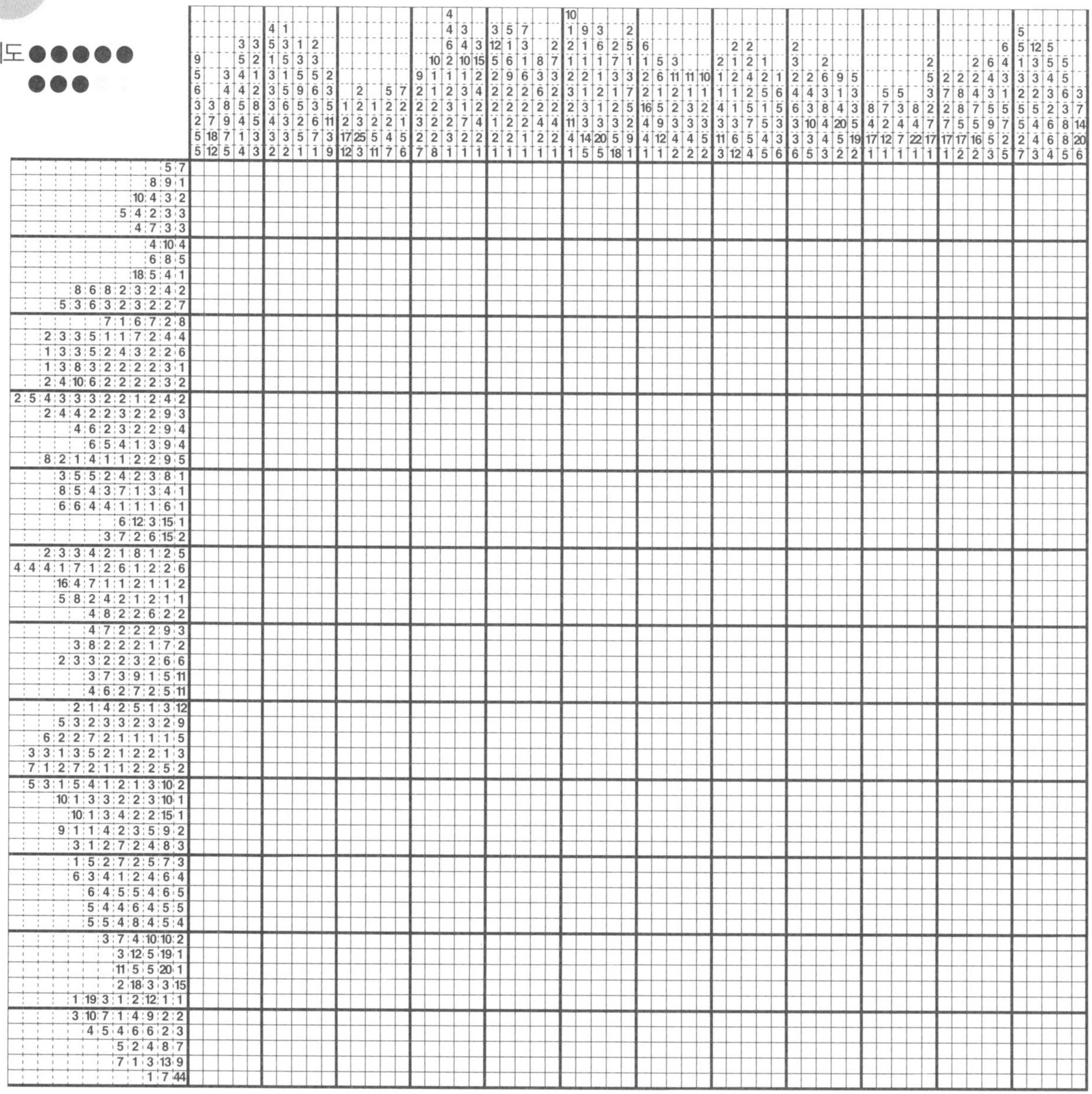

나무꾼에게 옷을 뺏기지 않게 조심하세요!

C97

난이도 ●●●●●●●●

Column clues (top to bottom)

Column	Clues
1	4 2 4 8 4
2	7 7 5 2 3 1 2
3	3 3 2 10 3 2 2 3
4	2 2 13 3 3 5
5	2 1 2 13 7 2 2 10
6	2 1 2 5 3 9 3 2 10
7	2 1 1 4 5 3 2 1 2 2 14
8	1 1 1 4 8 5 1 17
9	1 2 1 4 9 33
10	3 4 9 2 1 7 15
11	7 1 5 2 1 9 14
12	9 4 2 5 1 1 7 14
13	2 3 4 3 6 1 7 14
14	2 1 2 12 1 5 14
15	1 2 2 2 2 4 2 1 5 14
16	1 2 10 5 8 11
17	3 1 2 4 5 10
18	3 2 3 11 2 1 6
19	1 3 1 3 2 2 2 1 1 1
20	1 3 3 4 2 3 1 1 3
21	2 3 1 6 2 6 2
22	3 4 8 2 3 1 1
23	1 9 1 4 3 4 2 5
24	1 8 2 3 9 1 6 2
25	1 7 2 2 7 1 3 1 3
26	1 1 2 2 8 1 1 5
27	2 4 1 2 9 1 1 5
28	3 12 11 1 1 9
29	1 9 13 2 1 2 11
30	1 5 3 12 5 1 15
31	1 4 4 12 6 2 13
32	1 3 2 1 3 12 9 12
33	1 3 1 1 2 12 9 12
34	2 2 6 12 8 12
35	2 2 2 2 14 8 12
36	2 4 7 10 8 12
37	4 1 5 1 1 8 13
38	10 2 7 3 3 1 16
39	2 1 6 1 6 1 2 10
40	2 5 2 7 2 1 1 7
41	3 1 6 9 3 2 1
42	5 2 4 1 1 4 3 1 1 2
43	5 7 3 3 3 1 2
44	3 1 4 1 2 3 2 6
45	3 1 3 6 2 2 1 4 1
46	3 1 3 2 2 8 6 1 1 1
47	2 1 2 3 1 2 2 2 2 2 2 2 6
48	1 1 3 3 3 1 3 1 3 11 2
49	1 1 3 3 2 1 1 3 2 15
50	1 1 4 3 1 1 3 2 1 14 1
51	1 1 4 4 2 5 4 2 16 1
52	1 1 4 5 3 8 2 3 15
53	2 2 1 9 1 8 14
54	2 5 5 3 12 15
55	2 5 4 4 2 17
56	3 15 8 2 14
57	3 15 3 3 12
58	3 8 7 3 9
59	1 1 16 2 7
60	1 1 3 8 3 2 3

Row clues (left to right)

Row	Clues
1	9 3 5 25
2	7 4 2 5 14 8
3	3 5 1 2 4 2 6 11
4	2 8 4 7 3 2 5
5	2 3 3 8 1 7 5
6	9 2 3 5 1 2 9
7	6 3 3 4 1 2 15 7
8	6 3 3 1 3 23
9	10 2 4 3 2 1 4 4 7
10	15 6 3 2 7 6 5
11	2 6 10 11 5 8 5
12	7 4 8 2 4 1 3 3 9 5
13	5 7 3 2 1 4 1 3 2 1 4 5
14	5 9 5 1 3 1 2 2 1 3 5
15	5 7 1 3 1 1 1 2 3 2 1 2 2 2
16	1 3 5 4 1 1 3 4 2 3 2 3 5
17	5 4 1 2 7 15 2 1 4 5
18	5 4 1 1 1 6 8 5 8 5
19	5 4 4 5 9 6 2 2 4
20	5 4 4 6 12 6 1 1 5
21	5 3 4 7 13 9 1 2 4
22	1 1 1 6 14 10 1 2 3
23	2 1 5 15 6 2
24	1 2 4 15 2 1 2
25	2 1 4 13 2 2 1
26	1 1 4 14 1 1 1
27	1 6 1 2 13 2 3 2
28	1 1 2 2 3 9 1 1 5 4
29	5 5 2 4 2 11
30	6 4 1 10
31	3 2 4 4 3 1 5
32	2 1 4 1 3 2 1 2 1 3 3
33	1 8 1 1 5 2 1 2 4
34	2 1 6 1 1 5 3 1 7
35	2 1 8 1 7 2 7
36	1 1 8 1 8 5 2
37	2 2 10 3 9 2 1
38	4 17 9 2 1 2
39	5 1 3 6 3 10 3 1 1
40	6 2 9 2 2 1
41	4 3 6 5 1 3
42	3 1 4 3 5 3 7
43	11 11 1 1 9
44	13 1 3 15
45	3 10 5 1 3 11
46	14 1 2 1 5 12
47	19 2 2 2 13
48	16 8 2 13
49	2 14 9 14
50	14 11 14
51	14 11 14
52	17 13 13
53	14 2 13 11
54	16 13 10
55	13 15 6
56	8 16 2 1
57	17 4
58	17
59	14
60	11

한가위의 민속놀이

C98

난이도 ●●●●●●●●●

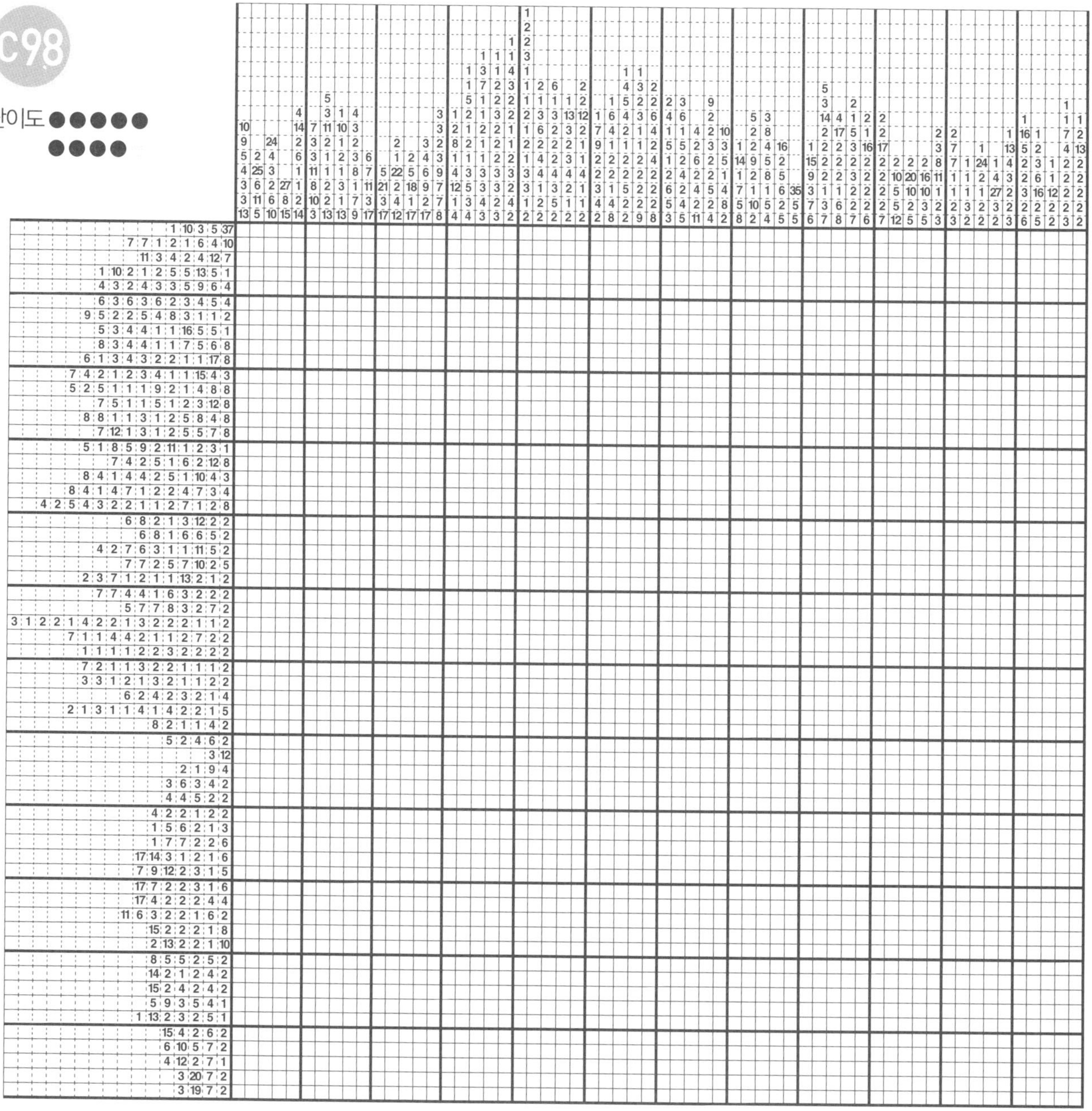

영화 '로마의 휴일'의 여배우

C99

난이도 ●●●●●●●●●

Column clues (left to right, top to bottom)

Column	Clues
1	5 3 12 8 3
2	4 7 1 4 5 5 1 6
3	4 1 4 12 4 3 7
4	4 2 2 9 6 1 8
5	5 2 2 7 3 3 9 5
6	6 5 1 6 10 2 6 1 2
7	4 6 1 6 10 7 3 1
8	3 4 1 2 3 11 16 2
9	2 1 1 2 5 14 5 4 1
10	2 3 2 3 5 10 4 5 1
11	2 5 3 8 12 4 5 2
12	2 2 2 2 10 7 2 4 6
13	2 3 2 5 5 5 1 1 4 4
14	2 4 1 15 4 3 2 4 4
15	2 2 2 4 8 4 3 1 2 3 4
16	4 1 2 5 4 1 2 1 2 5
17	3 2 4 5 3 1 1 1 2 3 4
18	3 1 3 1 2 3 5 3 1 3 3 3
19	4 4 4 3 5 3 5 2 5 3 3
20	5 2 2 2 7 3 2 2 10 4
21	5 2 7 10 6 3 4
22	6 4 5 2 6 9 7
23	1 7 2 2 12 4 6 4
24	1 10 14 7 4
25	2 6 2 11 2 5 1
26	2 1 2 8 1 4 1
27	4 2 2 2 2 2 3 1
28	11 12 4 1
29	2 2 2 2 12 1
30	2 3 2 2 10 1
31	3 2 3 9 1
32	1 2 2 3 9 2
33	3 2 1 1 9 2
34	5 2 2 9 5 3
35	2 2 3 8 4 3 4
36	1 3 8 8 7 4 3
37	2 24 2 8 6
38	3 9 5 2 2 4 2 2 3
39	11 3 2 3 4 3 3 1
40	5 3 2 4 3 5 2 2 1
41	1 2 2 2 9 2 5 1 1
42	3 2 4 2 2 12 5 5 1
43	1 2 4 7 2 9 7 3 1
44	3 1 3 2 9 2 4 4 1
45	3 13 12 6 2 2 1 1
46	3 4 2 7 6 1 4 3 2 3
47	2 5 2 10 10 3 3 2 2
48	1 4 2 8 2 5 1 2 3 2 2
49	5 1 13 4 1 2 5 6 2
50	4 4 2 7 4 3 1 3 5 1 2
51	1 4 11 3 3 2 2 3 2 2
52	2 4 9 2 3 2 2 2 3 2
53	2 4 13 2 2 5 3 4 2
54	2 5 6 6 3 2 1 1 5 8
55	1 6 13 4 4 2 2 4 3
56	1 8 13 8 2 5 2
57	5 9 6 2 3 3 2
58	5 18 2 2 2
59	6 7 10 2 1 4
60	6 2 10 4 2 11

Row clues (top to bottom, left to right)

Row	Clues
1	19 4 2 2 2 5 5 2
2	21 2 2 1 5 4 4 3
3	8 7 2 5 3 4 4
4	7 2 2 5 4 5 3 1 12
5	1 2 6 1 5 3 5 2 1 14
6	1 5 7 2 5 2 16
7	1 4 1 4 3 2 4 15
8	2 2 2 2 4 3 2 4 5 3
9	2 3 2 4 3 2 1 4 3 2
10	1 5 6 1 6 3 7 1 1
11	1 6 2 1 2 2 2 6 2 1 1
12	1 2 2 1 3 1 2 7 1 1
13	3 2 1 2 2 2 3 10 1 2 3
14	3 3 1 2 5 2 3 2 4 1 3
15	4 1 1 2 2 2 3 2 3 1 1 1 3
16	4 2 1 1 1 3 2 4 1 2 3
17	5 3 1 2 2 1 1 2 1 1 3 4
18	4 2 5 3 3 3 2 5 4
19	3 4 3 3 3 2 2 14
20	3 5 5 2 2 5 3 4 14
21	1 5 7 1 16 4 3 8 1
22	12 2 5 13 1 14
23	16 7 10 2 1 8 6
24	26 10 2 15
25	5 17 10 3 12 3
26	1 3 3 26 6 3 8
27	4 5 9 5 9 16
28	4 7 10 5 2 16
29	4 11 6 3 2 2 8
30	3 15 2 1 1 6 6
31	3 17 2 2 10 5
32	19 1 13
33	8 3 11 2
34	7 2 8 2
35	6 4 5 7 3 4
36	1 4 2 5 7 2 2 2
37	1 1 1 2 1 2 5 1 2 2
38	1 1 1 3 1 1 2 6 2 4
39	2 2 2 2 2 1 1 3 7 3 3 2
40	3 3 3 2 1 2 8 5 2
41	2 2 2 2 2 5 2 5
42	5 5 1 3 3 1 3 2 4
43	7 2 2 2 1 17 5
44	9 5 1 1 16 2
45	10 7 1 1 3 1 2 2
46	12 10 5 2 1 1
47	2 3 7 10 3 3 2 2
48	1 1 8 10 3 3 5
49	1 1 1 1 10 5 3 14 3
50	1 3 1 5 1 2 2 8 4 1
51	3 5 2 3 5 2 1
52	18 4 1 4 1
53	3 16 2 2 2 6 1
54	4 11 2 2 16 1
55	4 7 1 1 6 4 1
56	6 1 2 2 1 4 2 2
57	4 3 2 8 4 3 1 2
58	4 4 8 7 10 3
59	3 44
60	1 2 2 3

일곱 난쟁이와 오두막에 사는 공주

C100

난이도 ●●●●●●●●●

Column clues (top to bottom)

Column	Clues
1	9 10 12 9
2	3 10 17 14
3	4 10 21 7 3
4	2 6 12 3 2 4 1
5	4 10 10 3 6 4 2
6	4 10 7 3 7 5 2
7	20 3 5 7 1
8	9 8 2 4 7 1
9	15 7 3 8 2
10	2 3 7 4 4 9 1
11	2 9 3 4 5 4 1
12	6 6 5 5 1
13	2 6 15 4 5 1
14	2 5 12 3 5 3 1
15	6 11 3 3 6 3 2
16	6 4 5 14 1
17	5 4 5 5 7 1
18	3 2 4 3 4 1
19	4 3 29 3 2 1
20	4 1 14 5 3 2 2 4 1
21	3 2 17 3 2 2 3 4 1
22	3 1 20 4 2 8 1
23	5 27 1 1 4 1
24	2 1 27 1 1 2 1
25	2 1 8 17 1 3 1
26	1 1 3 3 16 1 4 1
27	1 1 2 3 3 14 2 5
28	1 1 1 3 5 11 5 2 3
29	1 3 10 10 5 3 2
30	1 2 12 8 5 2 3
31	1 3 11 5 10 4
32	4 13 2 1 5 2
33	2 15 2 2 2
34	2 9 7 1 2 2
35	1 8 5 2 2 1
36	3 1 3 3 3 1
37	3 4 1 2 12
38	2 4 2 1 2 4 3
39	1 2 1 4 2 1 2 5
40	5 3 4 4 1 2 3
41	5 14 4 3
42	21 3
43	1 8 9 2 3
44	6 3 6 9 3
45	1 6 4 8 3 1
46	6 1 1 3 1 3 3 1
47	6 1 1 1 8 2 5 2 4
48	5 1 1 1 4 2 11 1 3
49	4 1 5 3 2 12 3
50	3 1 5 1 3 4 12 1
51	3 1 6 5 3 1 15
52	3 3 4 2 2 1 9 3 7 2
53	2 2 5 1 4 2 2 2 2 8 5 2
54	2 2 6 7 1 1 2 11 3
55	2 1 1 1 8 2 2 11 2
56	3 1 1 8 1 14 2
57	2 1 2 3 28 1
58	4 2 22 7
59	2 3 29
60	6 5 23

Row clues (left to right)

Row	Clues
1	1 9 5 12 4
2	11 13 8 2 4
3	3 5 9 5 3 2 3 4
4	3 7 8 3 4 2 4 8
5	1 5 5 3 3 2 2 1 2 9
6	3 12 3 3 1 2 2 1 10
7	3 5 4 1 5 1 6 5 6
8	14 2 5 3 4 1 4 3
9	13 2 5 9 1 10 3 2
10	6 4 1 15 4 3 2
11	12 1 8 7 5 4 1 1
12	11 2 7 7 8 4
13	10 1 6 8 7 3 3
14	3 6 1 6 7 7 5 6 1
15	3 5 2 6 7 5 2 3 4
16	1 2 1 7 7 4 2 3 3
17	3 4 1 8 6 2 3 2 1 1
18	3 4 1 9 5 3 4 4
19	7 1 9 5 5 6 2
20	7 1 10 4 6 8 3
21	5 1 11 3 4 1 3 2 4
22	6 2 12 3 4 1 2 8
23	6 2 13 2 3 2 10
24	5 2 13 2 5 13
25	5 2 1 12 2 4 1 7
26	5 2 1 11 7 3 7
27	4 2 3 9 5 4 6
28	4 2 3 8 1 2 8
29	4 2 3 8 2 5
30	4 1 2 2 8 3 4
31	3 1 2 2 6 4 4
32	3 1 2 4 1 5 1 6
33	3 3 3 4 6 2 4
34	5 3 1 3 3 1 3 4
35	3 7 2 2 1 1 1 7
36	2 2 2 2 1 2 2 2 6
37	1 1 6 3 2 2 3 5
38	2 6 3 3 3 2 8
39	11 2 2 4 1 2 7
40	1 9 2 3 5 1 3 8
41	2 5 1 4 1 2 2 8 2
42	3 4 3 1 2 1 5 9
43	6 4 1 1 2 2 10
44	5 7 2 4 3 4 8
45	3 10 7 9 8
46	4 1 14 3 2 9 8
47	4 10 6 2 1 1 5 8
48	12 1 2 2 1 6 7
49	1 8 1 3 2 2 6
50	1 6 1 2 2 4 3 1 6
51	1 9 2 10 2 2 5
52	1 8 2 2 3 1 8
53	1 11 1 1 2 2 9
54	2 8 3 2 8
55	1 11 1 2 2
56	3 7 3 2 1 3
57	2 8 1 2 7
58	4 7 2 6
59	7 8 3
60	22

날개가 달린 상상 속 동물

C101

난이도 ●●●●●●●●●

2 3 2 2 9 2 3	2 6 2 2 3 4 11	3 2 2 1 2 2 17	3 3 2 2 2 12 8	3 4 2 2 2 3 16	4 8 2 3 1 12 3	3 6 3 2 3 2 3 2 4 7	3 8 2 2 2 2 1 17	3 12 3 2 3 2 3 15	22 3 2 2 2 5 8	3 12 2 2 3 2 13 3	4 9 3 2 3 2 18	5 7 3 2 3 2 7 9	6 4 2 3 3 1 5 2 4	7 3 3 6 2 5 8	8 1 3 9 4 8	7 1 3 2 8 9	8 1 4 2 9	8 1 3 1 5 3	8 1 3 2 4 2 5	8 1 3 2 13 10	8 1 6 4 2 15	8 1 2 1 3 1 2 2 15	8 1 2 1 4 2 5 9	9 2 1 2 2 3 15	7 2 1 1 2 3 2 3	2 3 3 1 2 3 6 3 3	8 1 10 1 2 3 3 7 1	1 13 5 1 2 3 1 4 2 1 1	2 2 1 1 3 1 2 3 4 4 1	2 16 5 2 3 1 1 2 1 1	2 11 1 4 2 4 2 1 1	1 14 1 2 3 1 2 1	1 13 2 2 3 1 3 1	1 1 5 2 1 2 1 2 2 1 1 2 1 1	1 1 7 1 1 1 2 2 2 3 2 1 1 3	2 3 7 9 2 3 2 1 3 2	4 4 1 1 2 3 2 8 1	5 3 1 5 3 1 1 1	3 1 1 6 1 5 1 1 2 3 1	1 1 1 2 1 1 12 2 1 3 2 3	4 3 9 3 7 4 5 4	4 3 1 1 4 2 6 1 3 4	5 5 1 2 1 6 3 2 3 1	5 2 3 3 2 6 1 3 6	3 3 4 1 1 6 3 1 6	1 5 6 1 6 2 1 7	3 1 8 2 6 1 3 1 8 4	7 9 11 4 1 1 2 2 4	8 8 9 1 7 1 4	7 17 6 2 1 5	5 1 16 1 1 1 1 3 1	8 14 3 2 5	3 3 1 12 4 6	8 10 7 2 6	3 4 2 5 20	8 2 4 1 23 4	2 57	12 2 40 3	12 2 34 8

1 2 4 7 3 5	
4 1 4 5 13	
5 1 20 2	
9 3 4 1 5 1 4	
2 1 5 5 3 14	
3 1 5 1 2 3 8	
2 1 6 3 12	
2 1 6 2 2 1 6	
2 1 7 3 2 3	
2 1 7 1 2 2 3	
2 3 7 2 2 3 4 3	
2 3 7 3 5 11 3	
2 3 7 4 2 11 2	
2 4 8 2 7 11 5	
1 5 7 2 7 1 11 3	
6 10 7 3 9 1	
7 7 1 7 1 8 3	
2 8 5 2 7 1 8 4	
3 9 4 1 4 2 3 1 10	
1 12 4 1 6 1 1 10	
2 11 5 5 1 2 12	
2 25 4 1 9 8 3	
2 2 8 1 4 12	
2 2 1 4 1 5 11 3	
2 5 1 1 3 1 7 3	
2 7 1 1 4 1 1 5 3	
2 10 3 3 3 1 3 5 3	
2 20 1 4 5 3	
1 2 15 1 3 5 3	
2 2 5 2 1 2 5 3	
3 3 5 2 1 1 6 3	
1 3 5 5 2 1 8 3	
2 3 4 2 4 3 1 7 4	
2 4 4 2 2 11 4	
2 6 2 2 2 4 5 3 4	
2 8 1 2 4 7 3 2 4	
3 6 10 9 1 3 1 4	
3 4 2 6 4 6 4	
4 1 15 4 3 1 2 1 4	
2 4 1 12 5 1 1 5 5	
4 6 2 7 3 1 5	
1 2 3 3 2 13 2 1 1 5	
4 1 1 1 1 14 2 8 7	
2 3 3 1 12 3 10	
6 1 3 1 1 5 8	
17 9 8 7	
17 8 3 2 3 1 6	
6 10 5 2 1 1 2 6	
1 14 6 2 1 2 1 6	
15 6 3 2 2 1 5	
9 2 3 3 1 2 1 2 1 4	
3 9 9 2 1 3 1 6	
6 18 2 2 3 2 6	
18 5 5 4 5 5	
13 11 5 4 4 7	
25 1 1 2 3 4 6 3	
4 4 7 6 7 1 17 1	
25 2 4 21	
25 1 2 3 7 8	
2 6 3 5 5 29 3	

열심히 일한 당신, 여유를 즐기세요

C102

난이도 ●●●●●●●●●●●

가로 (행) 힌트

1. 2 1 2 22 8 7
2. 2 1 2 21 10 3 6
3. 2 1 2 21 16 5
4. 2 1 2 21 3 12 5
5. 2 2 2 21 1 11 5
6. 1 2 2 22 3 1 7 6
7. 1 1 2 22 2 4 7
8. 1 1 2 3 1 1 5
9. 1 1 1 2 4 3 4
10. 2 2 2 2 6 1 3
11. 2 2 2 2 3 2 4 1
12. 1 2 2 3 6 2 3
13. 1 1 2 6 5 3 2 5
14. 1 2 3 8 3 3 2 1 2
15. 2 1 2 9 2 2 1 2 2
16. 2 1 2 5 2 2 2 6 2
17. 1 2 2 6 1 1 5 1 2 1 1
18. 1 1 2 6 1 2 3 2 2 2 2
19. 3 2 4 1 1 4 2 2 1
20. 2 2 5 1 1 1 2 3 2 2
21. 2 1 2 4 3 2 3 4 3 2
22. 1 2 2 5 1 4 4 1 1 1 2
23. 3 2 3 3 2 3 1 1 2 1
24. 3 2 1 1 1 4 3 9
25. 2 2 7 3 1 3 13 3
26. 4 1 4 8 4 10 3
27. 2 4 15 1 2 3 4
28. 3 6 13 2 1 2 5
29. 3 6 11 1 1 1 5
30. 4 7 9 1 5 2 6
31. 4 7 7 1 5 2 6
32. 1 3 8 1 2 4 2 7
33. 1 1 1 8 1 2 8 4 4
34. 1 1 2 10 7 7 3 4
35. 1 1 2 10 1 6 7 3
36. 1 2 1 15 2 1 7 3
37. 1 1 1 14 2 9 2
38. 1 1 2 18 10 2
39. 1 1 1 14 11 3
40. 1 1 1 10 12 5
41. 1 1 1 18 10 7
42. 1 1 5 13 4 13 10
43. 1 1 5 11 2 26
44. 1 1 5 10 1 14 8
45. 10 9 1 15 8
46. 10 8 4 2 13 2 6
47. 11 1 8 1 14 1 5
48. 11 1 7 1 14 2 4
49. 11 1 7 2 15 3 4
50. 3 1 6 2 16 4 3
51. 6 2 1 2 1 17 5 3
52. 5 5 2 1 2 2 17 6 2
53. 5 4 3 1 18 1 1 2
54. 5 2 5 2 1 1 2 1
55. 5 9 1 1 1 2
56. 4 7 2 1 4
57. 8 9 2 3 5
58. 4 4 11 7 3 1
59. 4 4 2 6 5 2 4
60. 3 4 6 1 4

세로 (열) 힌트 (위에서 아래로)

1. 35 4
2. 7 3 9 5 8
3. 11 3 3 1 9 5 9
4. 5 4 3 2 3 14 10
5. 5 3 2 4 5 10
6. 8 4 2 5 8 1 1 2
7. 6 4 2 12 2 1
8. 4 2 8 1 1
9. 5 2 9 1 2
10. 6 4 9 1 1
11. 8 8 4 2 1
12. 5 10 9 5 1 2
13. 12 30 1
14. 8 5 20 4 1
15. 12 1 1 20 2
16. 5 3 1 20 1
17. 6 3 1 1 19 1
18. 7 3 2 2 3 17 2
19. 7 3 1 1 3 15 2
20. 7 3 3 4 25
21. 7 2 19 4 6
22. 7 6 8 4 7
23. 7 5 4 2 6 5
24. 7 5 4 2 6 6
25. 7 5 4 1 5 5
26. 7 5 5 1 4 5
27. 7 5 1 1 1 2 1 3
28. 7 4 1 4 3 1 1 2 3
29. 7 5 2 5 5 1 2 3 2
30. 7 6 3 5 4 2 1 1 3
31. 7 2 3 3 6 2 1 2 2 1
32. 7 7 1 2 4 3 2 4 3
33. 7 3 2 5 2 2 5 4 4
34. 7 4 3 1 6 7
35. 7 2 1 5 17
36. 7 3 2 2 3 21
37. 7 2 2 1 4 21
38. 2 1 1 2 21
39. 1 2 1 1 2 1 21
40. 6 1 1 2 24
41. 4 2 3 1 1 24
42. 3 2 1 7 1 7 13 1
43. 4 1 8 2 4 12 1
44. 5 4 1 2 2 3 12 2
45. 6 1 2 1 5 2 12 3
46. 5 3 1 4 12 4
47. 10 2 2 11 5
48. 11 3 2 3 8 2
49. 7 2 2 1 2 2
50. 6 2 2 2 1 1 4
51. 5 2 2 2 4 2 13
52. 5 2 9 5 2 5
53. 5 2 2 7 2 4 4
54. 1 3 1 2 8 2 5 3 1
55. 2 2 3 4 3 6 2 2
56. 7 3 1 5 8 3 4
57. 7 3 1 8 10 7
58. 7 16 13 4
59. 7 30 3
60. 7 35

나랑 결혼해줄래?

C103

난이도 ●●●●●●●●●●●●●●●

Column clues (left to right, read top to bottom):

Column	Clue
1	3 1 4 21
2	6 5 15 2 4
3	3 2 3 2 2 12 4 2
4	1 12 2 12 2
5	1 10 3 2 1 11 2
6	6 16 9 2
7	4 6 10 4 2 2
8	2 1 13 1 3 3 3 1
9	3 4 10 4 2 3 2 1
10	3 6 1 3 7 2 2 2 1
11	3 7 12 2 3 1 1
12	3 7 10 5 2 1 2
13	3 7 4 1 3 2 4 2 2 1 1
14	4 6 8 5 2 3 1 1
15	4 4 3 4 3 1 2 1 2 1 2
16	16 2 1 1 2 4 1 1 2
17	3 5 6 3 1 1 2 1 3 2
18	14 5 1 1 3 1 4 2
19	1 10 3 2 1 1 1 1 2 1 2 2
20	10 3 1 1 2 2 1 2 1 1 3
21	6 2 2 2 1 1 2 9 2 3
22	1 4 4 1 2 1 1 1 2 4 2 1 3 4
23	4 2 1 1 2 1 1 3 3 2 2 3 9
24	1 3 1 2 2 1 1 1 2 2 1 2 11
25	3 2 1 2 3 3 1 7 1 2 3 17
26	2 5 3 2 10 2 2 2 17
27	1 3 1 5 2 6 1 1 17
28	6 9 2 5 2 2 2 18
29	4 1 13 1 6 2 2 5 16
30	12 9 6 9 16
31	6 4 6 2 17 2 9
32	9 4 1 9 1 1
33	3 13 2 1 2 4
34	6 2 1 5 3 3 5
35	7 7 5 1 2 1 1 2 6
36	8 8 7 2 3 1 5 7
37	17 3 7 3 1 2 7
38	6 9 11 2 3 1 8
39	1 1 11 11 3 2 3 8
40	1 15 8 5 2 3 8
41	3 1 3 4 9 2 2 3 2 8
42	2 6 2 2 1 6 1 2 4 2 7
43	1 4 1 4 6 2 2 4 2 2 2 7
44	3 1 2 5 6 3 5 8 6
45	1 3 3 2 5 4 3 5
46	1 8 1 1 2 10
47	1 5 8 1 2 5 12
48	4 2 2 1 2 2 1 4 2 6 2
49	1 3 2 5 1 3 4 3 3 5 2
50	1 3 1 5 1 10 4 6 3
51	2 3 2 2 2 3 5 2 2 6 3
52	2 2 2 2 2 14 2 2 5 4
53	2 3 7 10 3 6 3 1 2 1
54	1 1 7 2 1 6 9 3 2 2 4 3
55	5 3 6 13 3 1 1 4
56	7 5 1 10 7 1 2 7
57	4 2 1 5 1 5 3 3 2 11
58	4 1 2 10 4 7 2 4 8
59	3 1 2 16 10 7 7
60	1 1 4 4 9 5 2 17

Row clues (top to bottom, read left to right):

Row	Clue
1	4 7 4 1 3 3 2 2
2	3 13 2 1 2 4 3 1 1 1 1 1 3
3	7 17 5 7 2 1 3 3
4	2 5 3 6 7 5 2 2 1 3 4
5	6 3 9 4 3 9 1 1 4 3
6	5 5 7 3 1 3 5 1 2 2 3
7	1 3 13 2 5 2 10 7 1 1
8	4 12 5 4 6 2 9 1 1
9	5 12 1 6 2 6 6 2 1 2
10	6 8 3 4 6 7 1 2 3 1
11	2 3 5 4 2 2 5 5 1 1 2 2 2 2
12	7 5 1 1 3 2 5 1 1 4 2 2 1 2
13	2 4 6 1 2 2 1 13 1 2 1
14	15 1 1 2 1 7 6 2 1 3
15	5 4 2 3 2 3 1 15 3 6
16	13 1 4 4 2 10 1 8 2
17	7 3 2 7 6 1 1 8
18	1 8 1 9 4 3 1 2 1 6
19	4 2 2 2 16 1 1 4 2 1 4
20	9 10 4 2 3 6 4
21	9 5 2 4 10 2 3
22	9 1 9 2 11 1 1 3
23	2 3 3 6 1 3 12 1 2
24	9 2 8 7 7 2 5
25	6 8 5 2 12 4 3
26	1 2 1 6 1 9 4 5 3
27	3 2 8 5 1 8 3
28	1 1 8 3 3 3 2 2
29	2 2 1 4 8 9 1 5 2
30	3 6 6 4 4 5 1 2 6 1
31	4 1 2 2 2 3 5 1 4 6
32	5 1 1 5 1 2 2 1 3 1 6 1
33	5 1 2 1 1 4 1 2 1 9
34	6 2 2 2 4 3 1 1 3 7
35	6 4 3 4 2 2 2 7 3
36	8 2 5 3 2 4 2 3 12
37	8 3 1 4 2 4 1 4 12
38	7 4 3 2 2 2 1 6 3
39	7 1 1 2 3 1 2 2 1 2 3
40	6 2 2 8 2 2 1 1 2 2
41	6 5 2 2 4 2 2 2 2 2 3 2
42	2 5 2 3 3 1 1 2 3 7
43	2 12 2 9 1 2 1 5
44	2 3 2 4 1 3 1 2 1 2 1
45	1 3 8 4 1 3 1 1 1 1
46	1 17 1 1 2 2 1 2
47	1 1 6 2 1 1 2 5 5
48	1 2 6 3 1 2 4 4
49	1 2 6 2 2 1 4 4 3
50	2 2 7 2 1 3 4 4
51	2 2 7 3 2 4 2 2
52	1 1 9 2 7 2 2
53	2 2 9 4 9 2 1
54	2 2 9 8 7 7
55	1 2 9 10 6 1 5
56	2 2 9 17 2 5
57	3 2 10 16 2 6
58	4 4 10 15 3 7
59	7 10 20 7
60	10 28

영원히 어른이 되지 않는 나라로~

해답

nemonemo logic 고급편

PART A

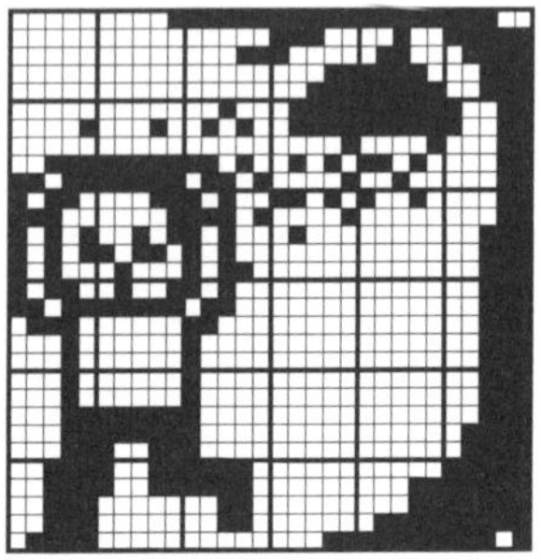

1 벌집

2 잠수함

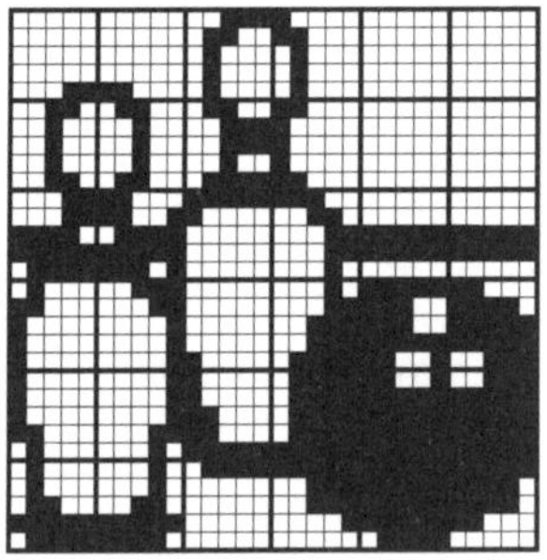

3 볼링

4 탱고

5 수도꼭지

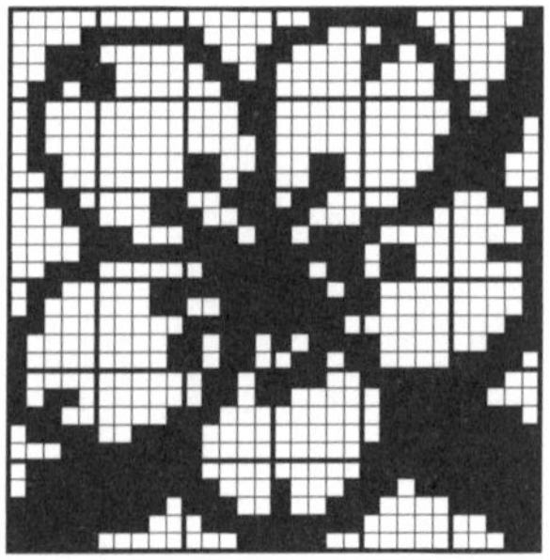

6 벚꽃

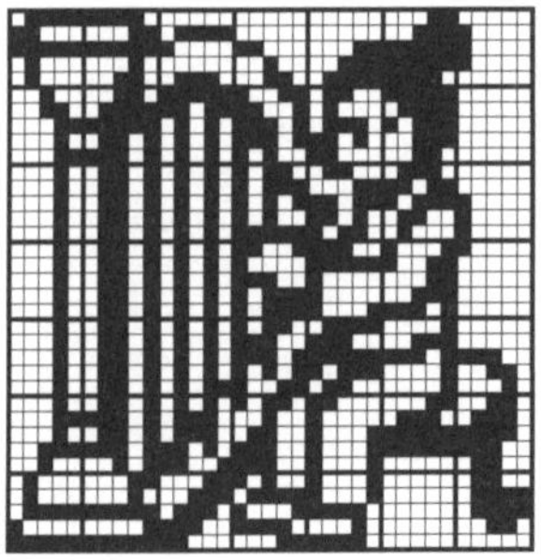

7 하프

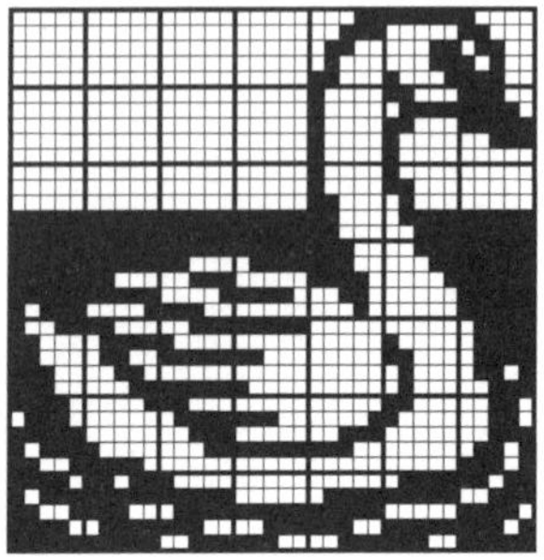

8 백조

9 비행기

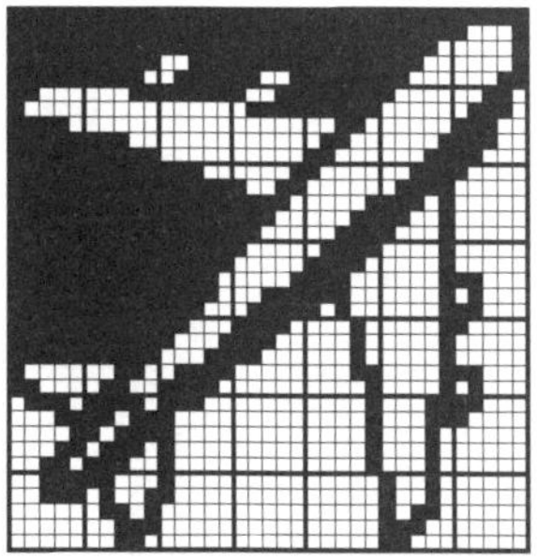

10 털실

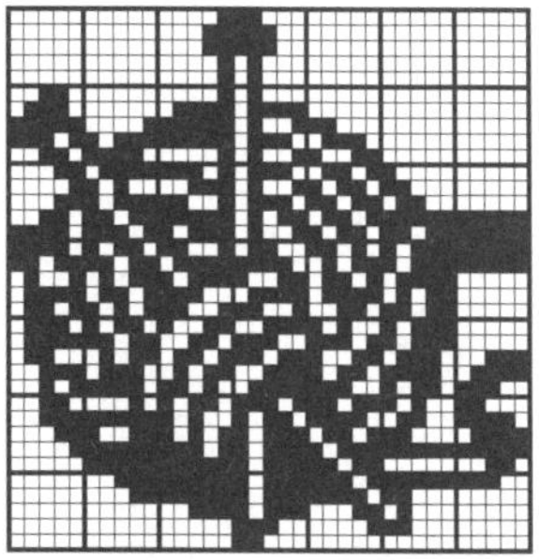

11 수박

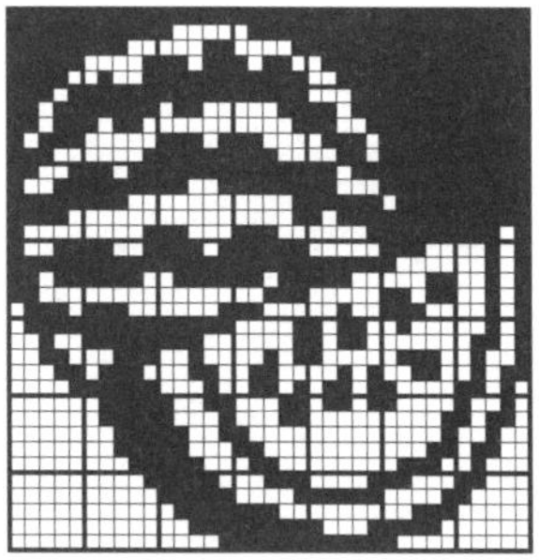

12 유령

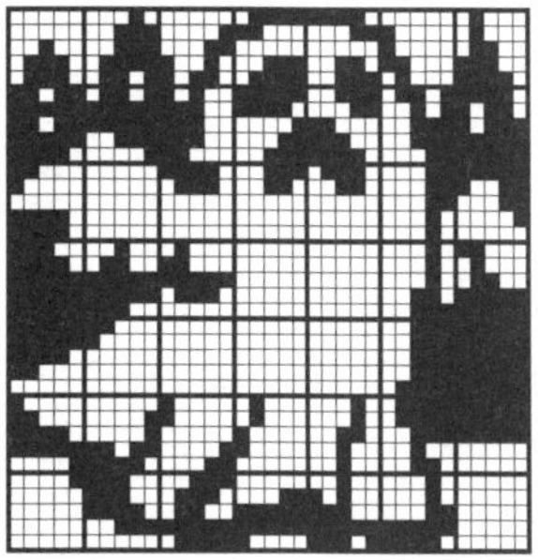

13 수갑

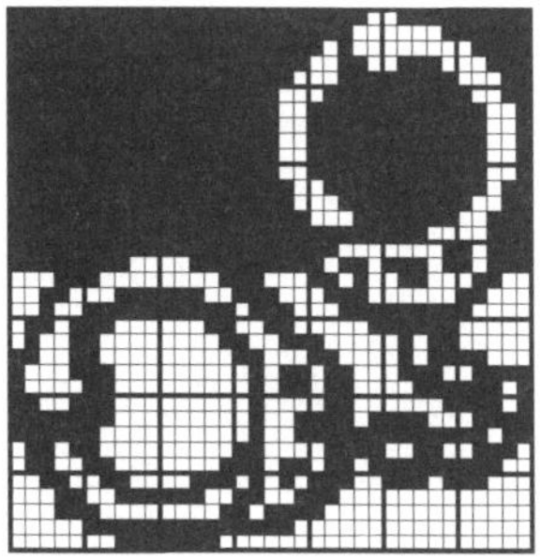

14 다리미

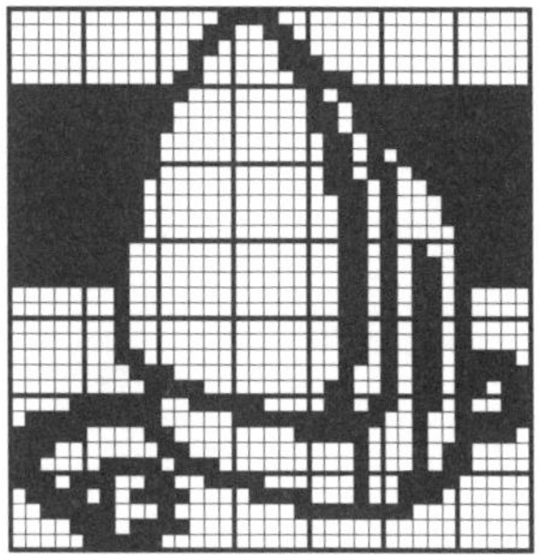

15 약속

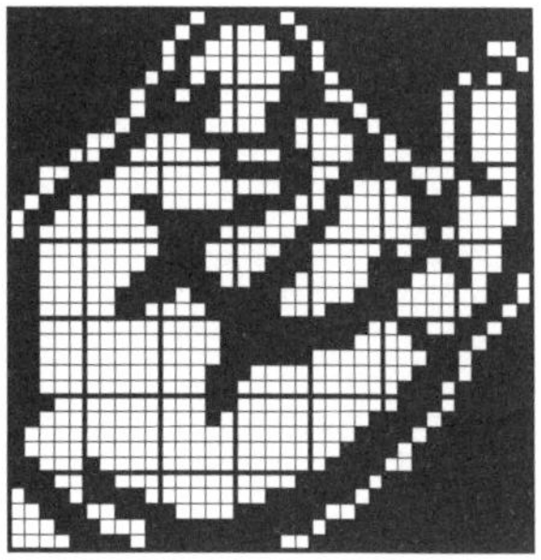

16 돌하르방

17 우동

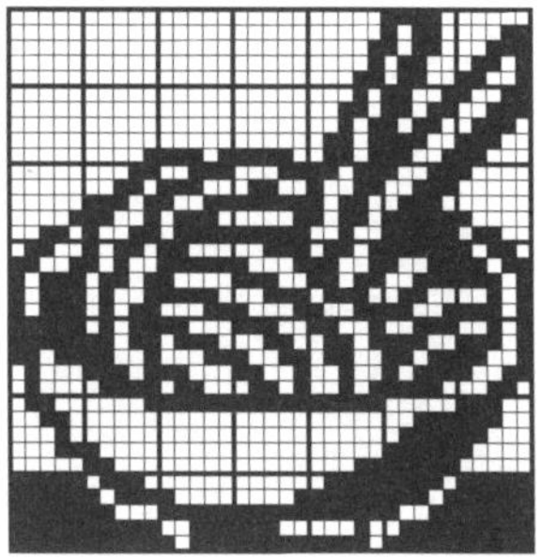

18 진주조개

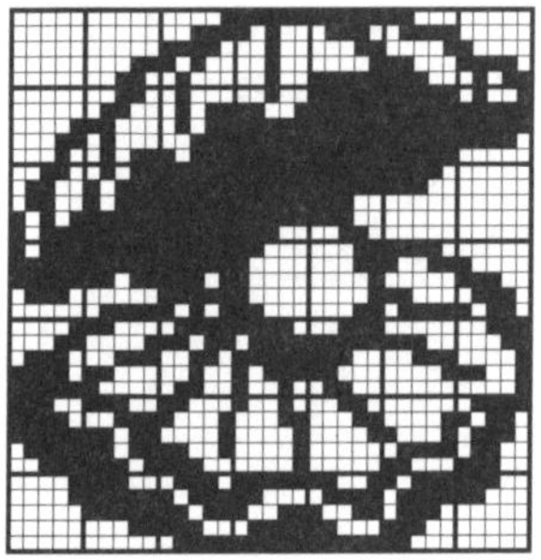

19 비둘기

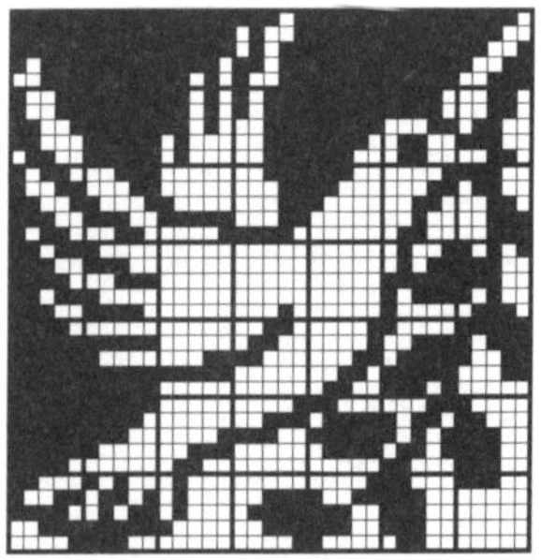

20 자전거 배우기

21 빨래 널기

22 화랑도

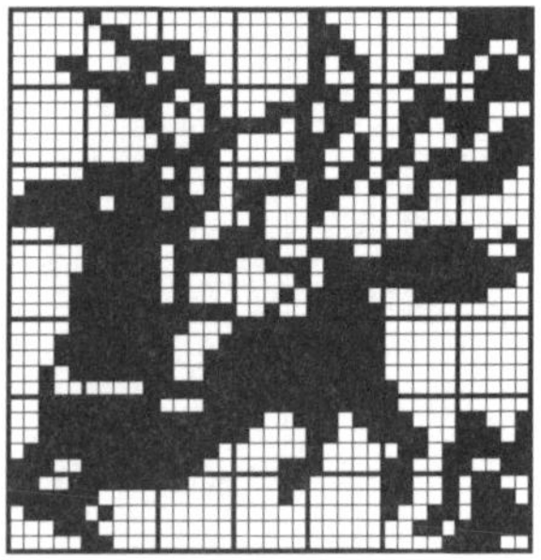

23 전화기

24 스쿠버다이빙

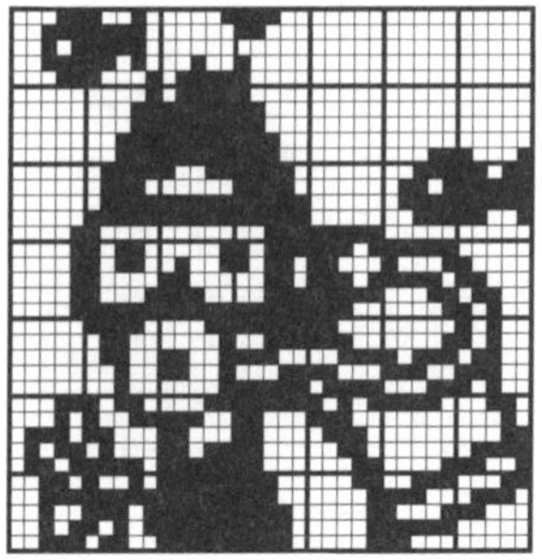

25 운동화

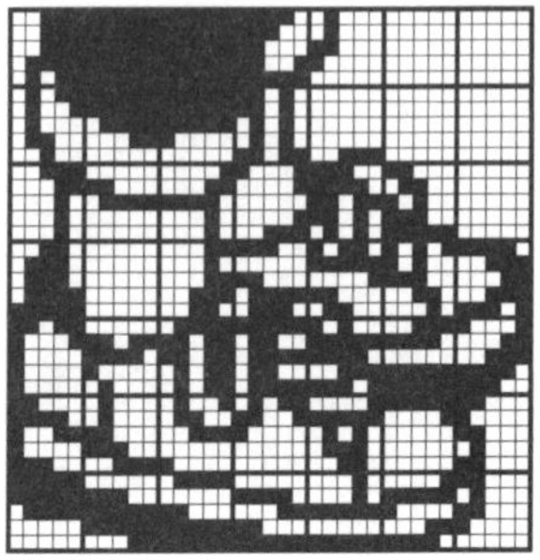

PART 8

26 컵케이크

27 눈사람

28 UFO

29 손목시계

30 심판

31 태권도

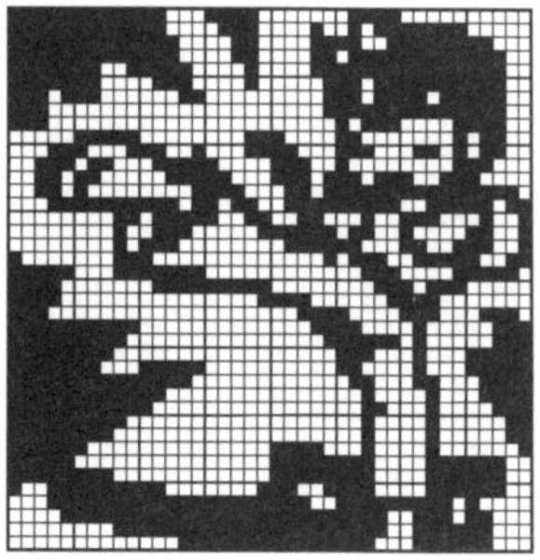

32 인어 공주

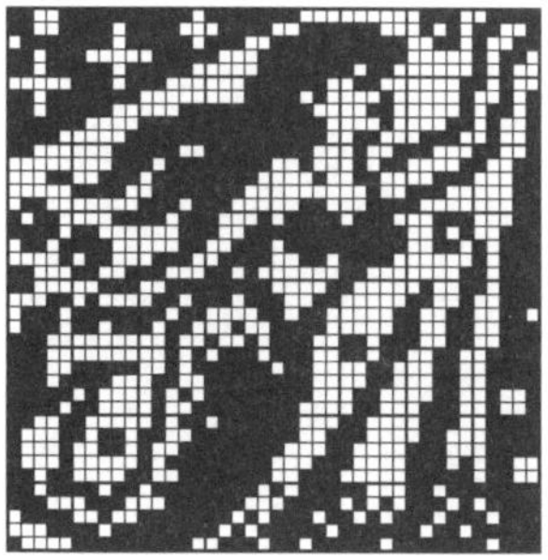

33 짱구

34 유모차

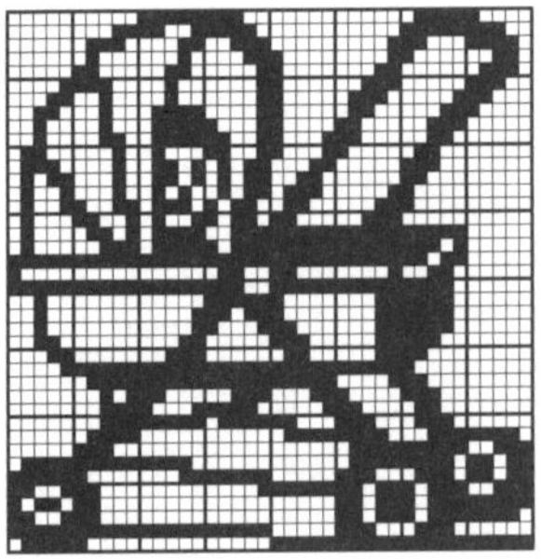

35 팩맨

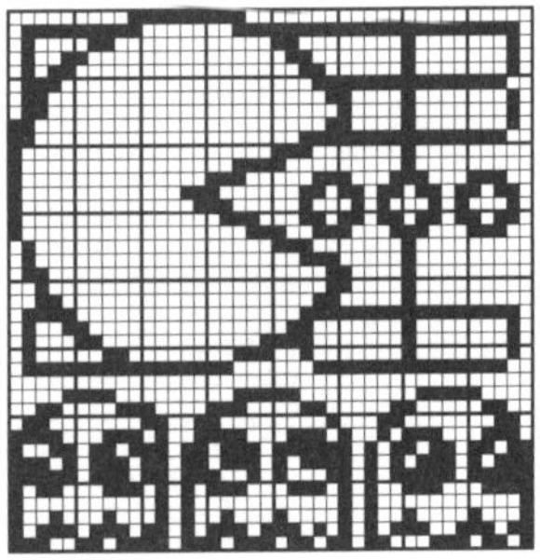

36 메리 크리스마스

37 벌거벗은 임금님

38 코브라

39 장미

40 한복

41 다람쥐

42 천사

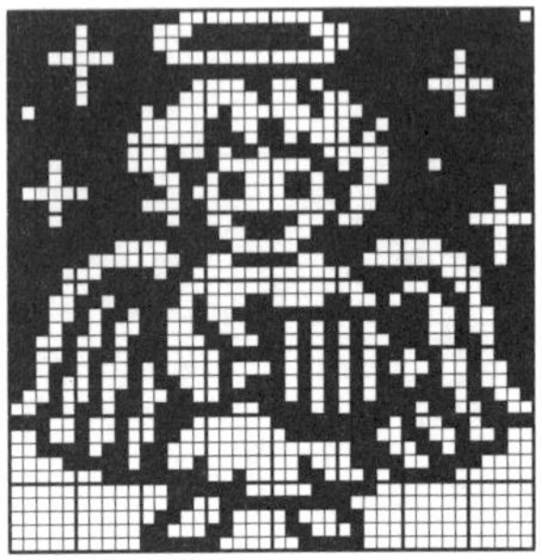

43 축구

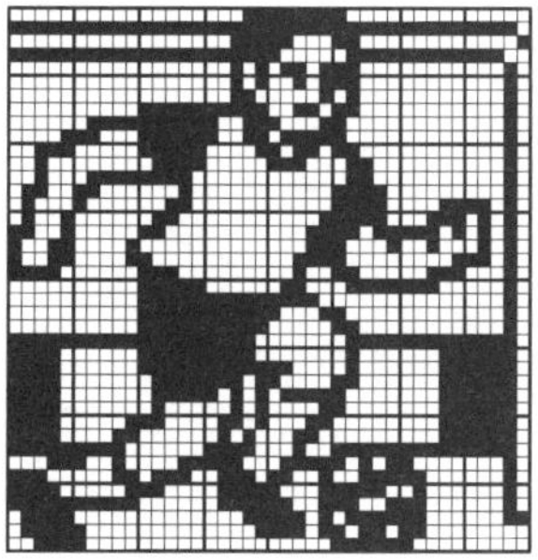

44 음악 듣기

45 햄토리

46 다보탑

47 007

48 라푼젤

49 씨름

50 하와이

51 컵라면

52 화장

53 피아노

54 찜질방

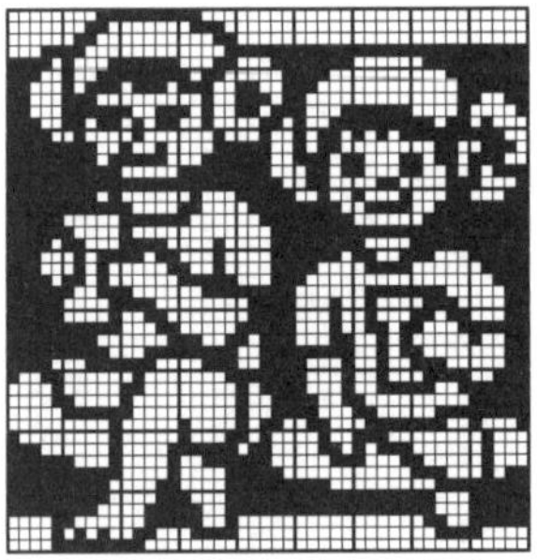

55 택배

56 그네 타기

57 페인트칠

58 발레리나

59 바리스타

60 골프

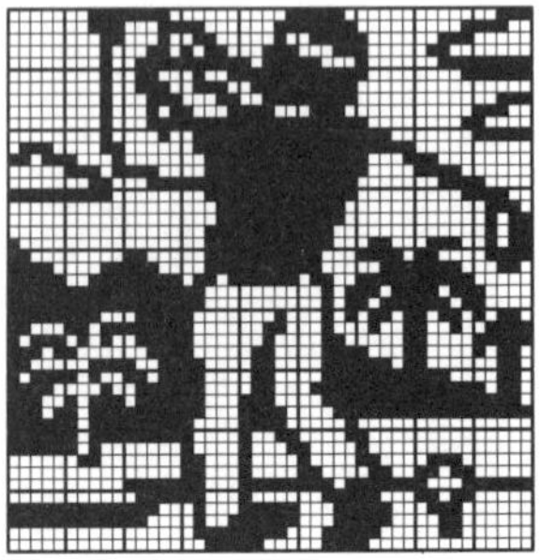

61 제빵사

62 스머프

63 위로

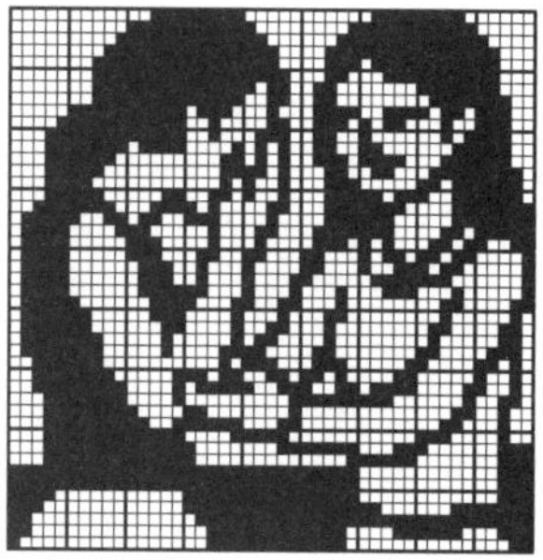

64 마라톤

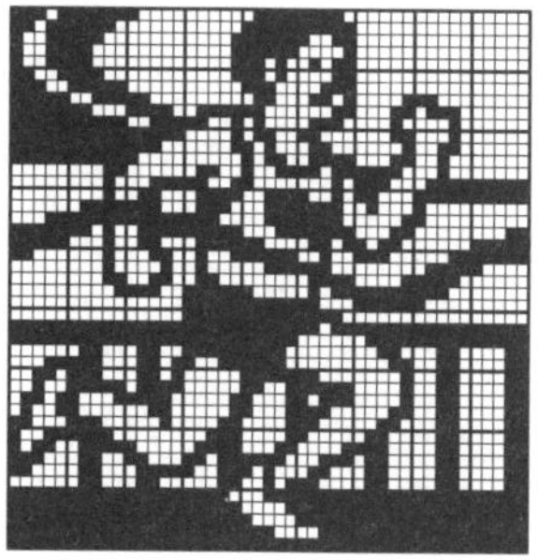

PART C

65 모나리자

66 달토끼

67 가수

68 등대

69 산토리니

70 엘사

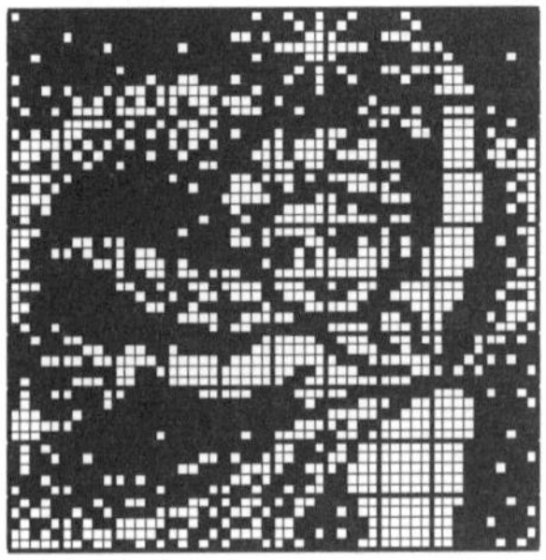

71 유령의 집

72 미용실

73 뗏목

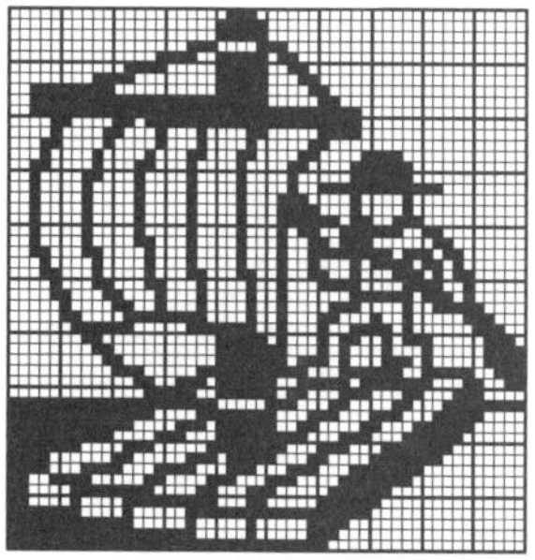

74 탐정

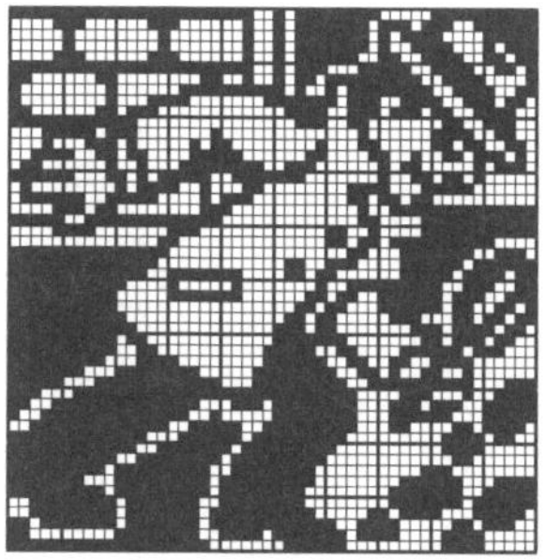

75 보드 타기

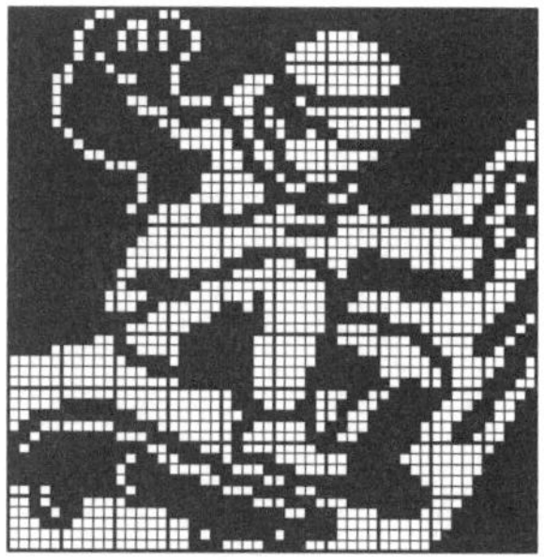

76 잠수부

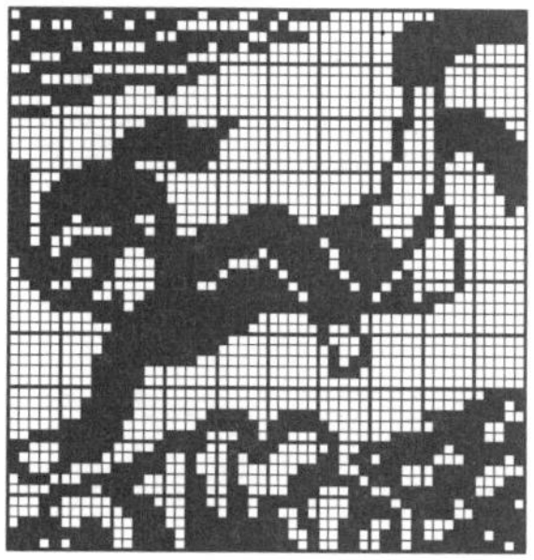

77 신데렐라

78 웨딩 사진

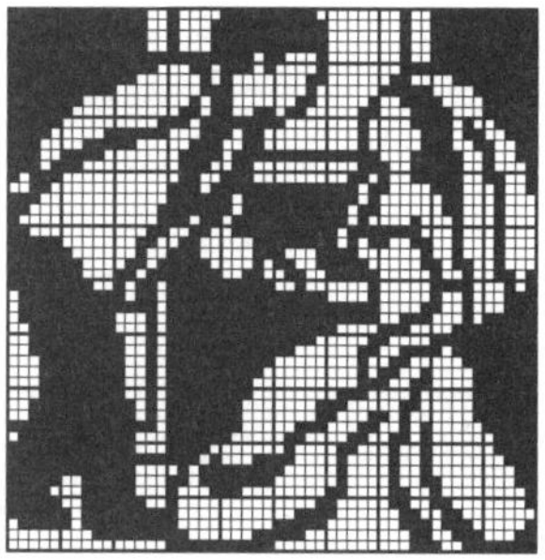

79 낚시

80 피서

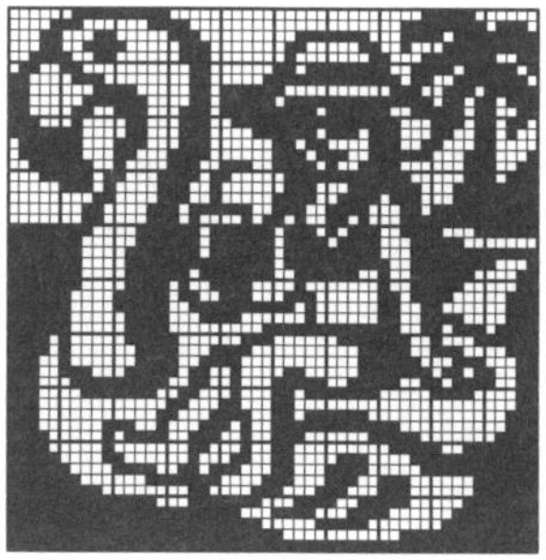

81 찰리 채플린

82 판소리

83 셀카봉

84 모델

85 소꿉놀이

86 어린 왕자

87 고양이와 나

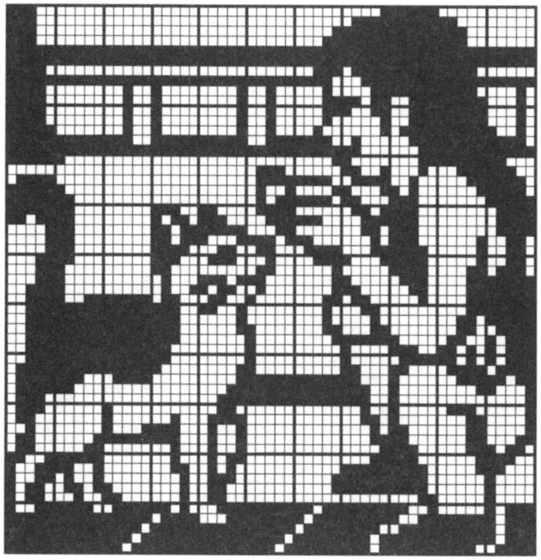

88 해리 포터

89 덤블도어

90 매사냥

91 수의사

92 승마

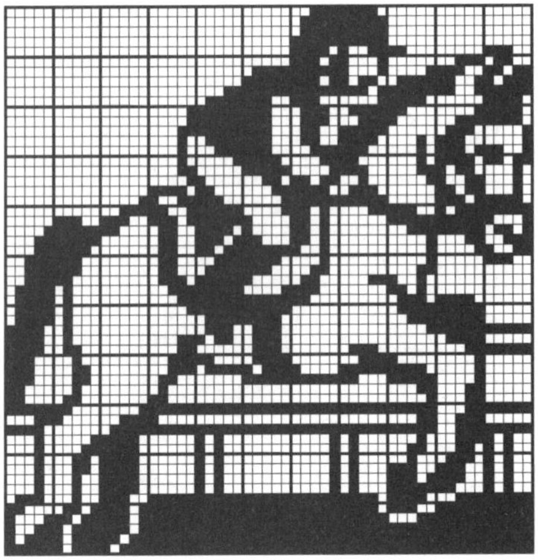

93 돌잔치

94 예방 접종

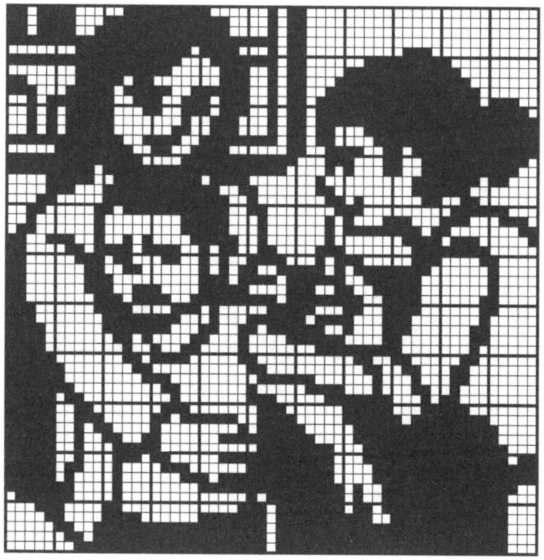

95 도서관

96 선녀

97 강강술래

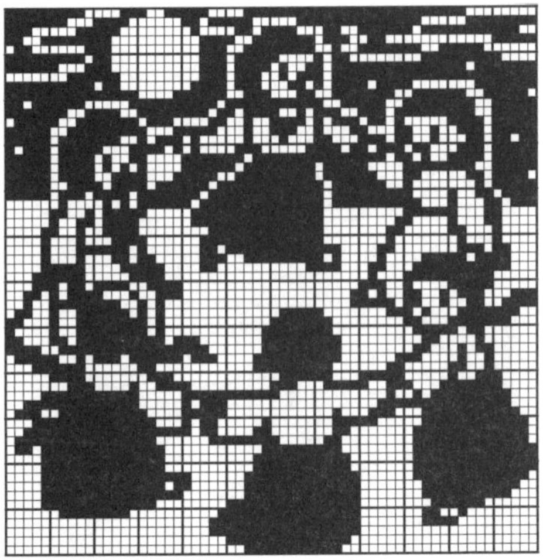

98 오드리 헵번

99 백설공주

100 드래곤

101 휴가

102 청혼

103 피터팬

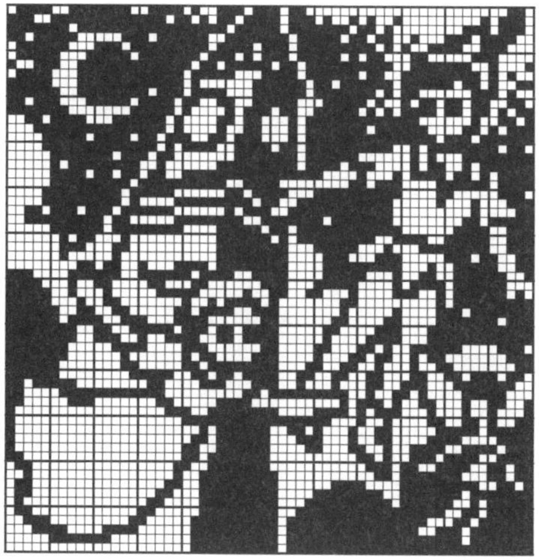

온라인 서점 독자 서평

N·E·M·O·N·E·M·O·L·O·G·I·C

일본에서 만들어졌다는 이 퍼즐은 숫자에 대응되는 칸을 색칠해 작품을 만든다. 네모네모 로직을 즐겨하고 내가 직접 만들어서 풀기도 한다. 퍼즐의 차원을 뛰어넘어 예술적인 면이 높고, 수리력과 논리력의 발달에 도움이 되는 네모네모 로직은 자라나는 청소년과 기억력이 감퇴되어 가는 노인들에게도 좋은 취미가 될 것 같다.

→ → → → → → → → → → geniusmi

로직에 한번 빠지면 정말 중독되기 때문에 쉽게 빠져나올 수 없게 된다. 일단 시작하려는 사람이라면 신중하게 생각해 보고 결정을 내리기를 바란다. 어떻게 내가 로직에 빠지게 되었는지는 잘 모르겠지만 이 책으로 인해서 더욱더 로직에 빠졌다는 것은 부인할 수 없는 사실이다. 이 책에 있는 로직 하나하나가 정말 잘 만들어져 있어서 완성하고 나면 정말 그 기분은 말로 설명할 수 없다. 간혹 아마추어들이 만든 로직을 해 보곤 했는데 아무래도 전문가가 만든 로직에는 비할 바가 아니다. 따라서 아마추어 로직에 질린 사람들도 전문가가 만든 이 로직을 해 보기를 강력히 추천한다.

→ → → → → → → → → → anaviator

네모네모 로직이라는 책은 시간 때우기에 아주 좋은 책이다. 머리를 쓰면서 네모네모들을 하나씩 채워 가면 어느새 하나의 그림이 완성이 되어간다. 솔직히 로직은 책보다는 나에게 게임으로 먼저 다가왔었다. 예전 오락실에서 로직을 응용한 게임을 보면서 참신하다하고 재미있게 했었는데 도서에서 찾아보니 로직이 나와 있는 게 아닌가? 비록 오락실처럼 잘못 완성하는 과정이 나오면 제한이 걸리면서 보정되어 지는 게 없이 순전 계산에 의해서만 완성하다보니 어려운 것이 사실이지만 한 게임 한 게임할 때의 집중도는 다른 책보다 높다.

→ → → → → → → → → → pinkblue81

중3때 수학선생님께서 나눠주셨던 네모네모 로직! 처음에는 하는 방법도 전혀 몰랐고 이게 뭐냐면서 살짝 접고 친구들과 담소를 나누었다. 네모네모 로직의 매력을 느끼게 되었던 건 다음 수학시간 선생님께 하는 방법을 배우고 그 매력에 아주 '푹' 빠지고 말았다. 네모네모의 중독성이란 그야 말로 대단했다. 하루 종일 네모네모만 잡고 있었으니 말이다. 예전의 네모네모 로직 초보 때 쩔쩔매며 제일 쉬운 것도 아주 어렵게 풀었던 내가 이제는 자신 있게 네모네모를 펴놓고 능숙하게 풀 수 있다는 자부심을 가지기까지 아마도 머리를 무진장 썼을 것이다. 수능 끝나고 나면 한 권 사서 다시 네모네모에 불을 붙일 것이다. 영원한 내 사랑 네모네모 로직! 사랑합니다. ^^

→ → → → → → → → → → 멋진허군

초등학교에는 재량시간이라는 것이 있어서 어린이들 소질 계발 차원으로 여러 가지를 다양하게 경험하게 해 준다. 우연히 네모네모 로직을 풀고 있던 선생님을 보고 한 쪽을 복사해서 나도 풀어보았다. 규칙을 배우고 풀어보니 참 재미있었다. 우리 반 아이들에게도 가르쳐주기로 결심했다. 아침자습시간을 이용해 문제지를 직접 그려서 나누어주었다. 처음에는 머리를 쥐어뜯던 아이들이 나중에는 한 장 더 달라고 졸랐다. 스스로 그림을 그려 만든 문제지에, 힌트가 되는 숫자를 바깥에 죽 적어놓고는 갖고 와서 자랑을 하기도 했다. 대부분의 어린이들이 무척 즐거워했다. 일단 알고 나면 그렇게 재미있을 수가 없다. 우리들이 흔히 킬링타임용 영화라는 것을 보기도 하는데, 이 퍼즐을 푸는 것도 색다른 재미를 듬뿍 선사한다. 킬링타임에 두뇌회전까지 요구하니까! 어느 책이건 한 권을 골라 도전해보자. 처음엔 머리가 뜨끈뜨끈하지만 결국 엄청난 재미를 선사하는 네모네모 로직을!!!

→ → → → → → → → → → 점돌이